I0759596

Cocinando historias

Gastón Acurio

Cocinando historias

AVENTURAS Y RECETAS DE UN COCINERO NOSTÁLGICO

DEBATE

Papel certificado por el Forest Stewardship Council®

Primera edición: marzo de 2025

Printed in Spain – Impreso en España

ISBN: 978-84-10433-47-2
Depósito legal: B-666-2025

Impreso en Gómez Aparicio, S. L.
Casarrubuelos (Madrid)

C 4 3 3 4 7 2

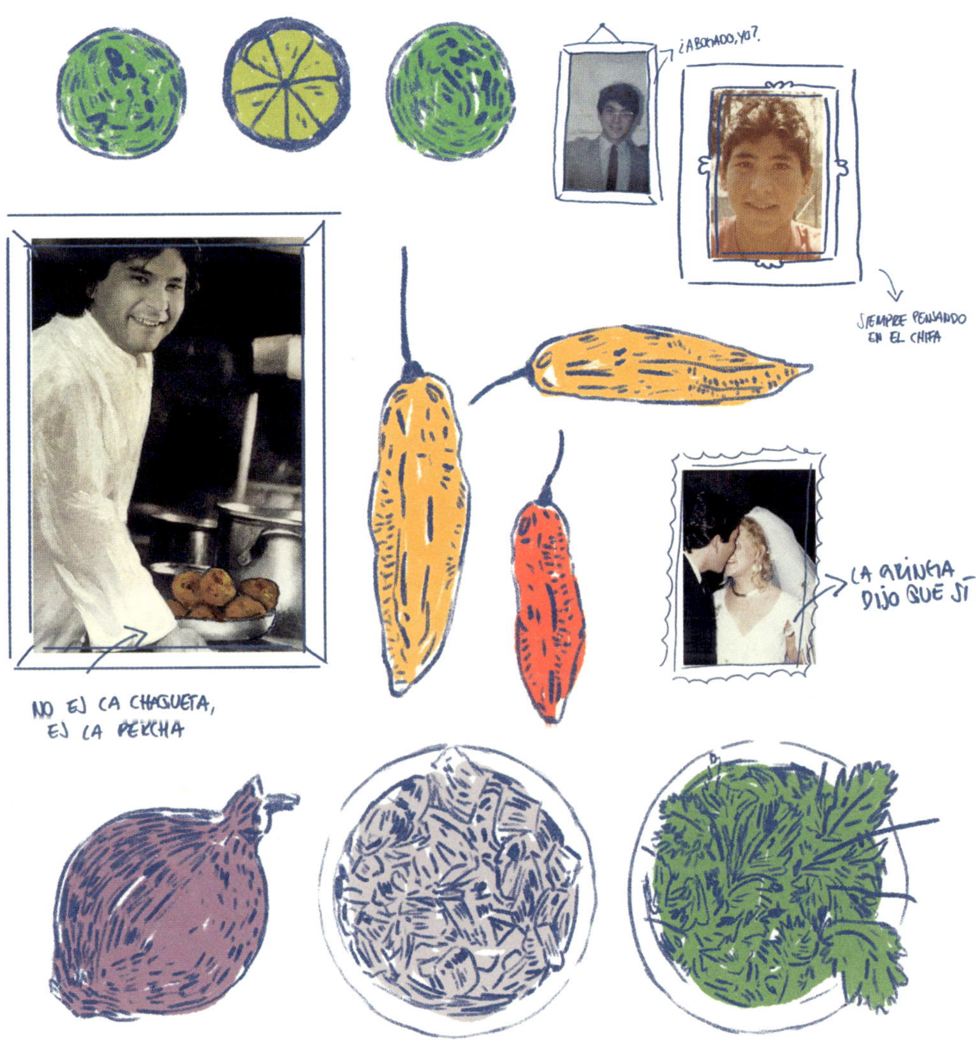
¿ABOGADO, YO?
SIEMPRE PENSANDO EN EL CHIFA
NO ES LA CHAQUETA, ES LA PERCHA
LA GRINGA DIJO QUE SÍ

La partida

Capítulo II

El retorno

Capítulo III

La cocina, orgullo del Perú

Capítulo IV

15

Introducción

Una vez escuché a un experto en *marketing* digital decir que no se podía escribir textos largos en Instagram. «No más de 120 caracteres», dijo con absoluta seguridad y unas cifras que sustentaban su consejo. Explicó que las personas están perdiendo cada vez más su capacidad de atención. Que la gente ya no lee, como dicen muchos por ahí.

Es decir, ni siquiera los *recetuits* que publiqué hace algunos años en Twitter (ahora X) —recetas escritas en 140 caracteres— cumplirían con los nuevos estándares de las redes sociales. En otras palabras, no soy capaz de seguir las recomendaciones de estos tiempos.

Sin embargo, desde que abrí mi cuenta en Facebook e Instagram, he disfrutado muchísimo escribiendo historias más largas de lo «normal». Porque no solo podía compartir recetas, sino recuerdos que no quería olvidar. Escribir como quien cocina un guiso, digamos.

Para mi sorpresa, la gente llegó hasta el final de los textos. Y no solo me escribieron porque habían preparado alguna receta en casa. También porque habían recordado algo de su adolescencia o de su infancia. Entonces, muchos me preguntaron por qué no reunía esas historias en un libro.

Fue así como nació este proyecto. Una compilación de textos de ese diario personal que son mis redes sociales y que me confirmó que el mundo digital sigue siendo parte del mundo real. Un mundo en el que la gente sigue leyendo, sigue cocinando y sigue compartiendo recuerdos.

Gracias a ustedes, queridos lectores, tuve la ilusión de hacer este libro y sentirme parte de una comunidad en la que las palabras aún importan. Una comunidad en la que nos alimentamos de recetas y también de historias, A todos ustedes: gracias por leer.

Gracias, gracias, muchas gracias.

Gastón Acurio

Capítulo I

Los sabores de mi infancia

YO

El cebiche de Genoveva

¡Qué rico era el cebiche de mi abuelita trujillana!

Genoveva, mi abuela, dedicaba sus mañanas a escuchar a Ramírez Lazo en la radio: «Nooooos preocupaaaaa» (así empezaba el programa). Gastaba sus tardes vigilando que mis hermanas no se besuquearan en la sala con los enamorados de turno. Y en sus noches, corría a avisar a mi padre al ver a algún novio pelucón que, según ella, hacía que en la sala oliera a marihuana (dudo que mi abuela conociera el aroma a marihuana). Pero entre toda su agenda, Genoveva siempre hacía lo más importante: cuidarnos y querernos mucho con su presencia permanente y, en especial, con su sazón.

Porque cuando Genoveva nos cocinaba, brotaba de sus manos esa sazón melodiosa que todo norteño lleva en la sangre y su cebiche no era la excepción. Un cebiche que ella hacía a la manera trujillana.

Compraba pescado blanco por sus gustos más bien austeros. Siempre descartaba la corvina en favor de un tollo que cortaba en filetitos, sazonaba con sal, pimienta blanca, un puntito de ajo recién molido y unas rodajitas de un ají mochero perfumado y glorioso. Luego, le daba a todo una movidita serena, pero constante y, finalmente, lo acomodaba en una fuente sobre la cual iba echando el jugo de muchos limones, dejando que estos cubrieran por completo el pescado.

Impaciente, recuerdo que merodeaba la fuente a ver si lograba robarme un trocito, pero no. Mi abuela, una mezcla de Sherlock Holmes con Ketín Vidal, siempre aparecía justo cuando iba a ocurrir el delito con un sonoro: «¿No ves que no está listo?». «¿No ves que el pescado sigue crudo?». «¿No ves que todavía no ha soltado su leche de pantera?». Aún no llegaban los tiempos en que el cebiche se empezaba a preparar como gusta ahora: al toque, vuelta y vuelta, crudito, con canchita, choclo y camotito.

¿Cuál es mejor? Como en todo, es cuestión de gustos. Solo sé que quien vivió en aquellos tiempos y de pronto vuelve a probar ese cebiche antiguo, se emociona, sorprende y alguno hasta llora.

RECETA: CEBICHE

Según el lugar donde esté, para este cebiche buscamos cualquier pescado con carne ligeramente firme de color rosado o blanco, y sabor delicado. Cortamos 1 kilo de filete de pescado en cubos medianos, si los lomos son gruesos, o en filetitos gruesos, si los filetes son pequeños. Los sazonamos generosamente con sal. Mezclamos bien y dejamos reposar así por 10 minutos. Añadimos unos cuantos trozos de su ají preferido, que previamente chancamos un poco. Lo mezclamos con los trozos de pescado y dejamos reposar 5 minutos más. Agregamos ½ cebolla roja cortada en tiras finas. Y, si gustan, pueden añadir unos tallos y hojas de culantro que luego retiran. Darán un gran aroma. Si desean, pueden echarle, como lo hacía Genoveva, un poquito de ajo molido y pimienta blanca molida. Ahora sí, otra movidita y agregamos el jugo de 20 a 30 limones, dependiendo del tamaño, que exprimiremos uno a uno sobre el pescado, pero sin apretar demasiado. Mezclamos bien y dejamos que el limón cubra el pescado. Le echamos un hielito para que mantenga una temperatura fría y esperamos 2 minutos para que quede como lo comemos hoy; o 2 horas, como le gustaba a Genoveva. Agregamos otra cebolla roja cortada en juliana, otro ají limo picado, revolvemos y servimos. Pero antes, debemos probar. Es importante entender que el cebiche es un plato ácido, salado, picante y refrescante, y ese punto de equilibrio de los cuatro no se puede explicar en una receta, porque todos los limones, ajíes y pescados son distintos. Acompáñenlo con choclo, camote y listo. Se sirve en fuente y se come con cuchara.

LAS VARIANTES

CEBICHE DE ESTOS TIEMPOS

Hacemos una leche de tigre licuando 2 dientes de ajo, 2 ajíes limos o un rocoto, una rama de apio, 2 rodajas de cebolla, 2 tallos de culantro, 50 gramos de retazos y puntas de filete de pescado, jugo de 20 limones y un chorrito de agua o de caldito suave de pescado hecho con la cabeza y las espinas del que se eligió. Colamos este licuado y, siguiendo la receta del cebiche, lo echamos sobre el pescado. Luego, seguimos la preparación anterior tal cual.

CEBICHE MIXTO

Cortamos 4 calamares medianos en rodajas y los pasamos por agua hirviendo por unos segundos. Hacemos lo mismo con 24 colas de langostinos chicas peladas. Limpiamos 12 conchitas de abanico sin caparazón y las dejamos crudas. Incluimos 4 almejas crudas limpias y cortadas en rodajas, 4 caracoles cocidos y 200 gramos de filete de pescado de su elección, cortado en cubos. Seguimos las mismas indicaciones de la receta del cebiche de estos tiempos.

CEBICHE DE CHAMPIÑONES

Cortamos 4 tazas de champiñones en láminas gruesas y los pasamos solo durante 5 segundos por agua hirviendo. Retiramos y enfriamos en agua con hielo. Escurrimos y echamos ¼ de taza de apio picado, ¼ de taza de rocoto picado, 1 taza de cebolla roja en juliana, 1 cucharada de culantro picado, sal, pimienta blanca y mezclamos bien. Dejamos reposar por 2 minutos. Aparte, hacemos una leche de tigre como en el cebiche de estos tiempos, solo que sin pescado ni caldo de pescado. Colamos y echamos este licuado al cebiche. Ahora, servimos con camotito, choclo y lechuga.

La crema del amor

No es un cliché aquello de que la cocina es un acto de amor y la papa a la huancaína lo sabe. Después de todo, cuántos recuerdos y momentos entrañables vividos en los que ella fue la estrella de nuestras vidas.

O, acaso, recordar a nuestras madres licuando queso y ají, buscando darle ese punto que distinguía la huancaína familiar, ¿no era una muestra del más puro amor? Claro que lo era. Por ello, quizás, es una de las recetas más populares y queridas del recetario nacional. No solo porque su fórmula da vida a una crema deliciosa que se acomoda bien con casi todo, sino también porque, al probarla, nos transporta a aquellos momentos en que los problemas se dejaban a un lado para recibir amor disfrazado de papita, queso y ají.

Compartir una receta de papa a la huancaína no es tarea fácil. Cada familia atesora con orgullo su propia versión. Por ello, más que una receta, compartimos algunos gustitos que quizás les sirvan para encontrar su propia fórmula. Lo primero es entender que las estrellas son el ají y el queso. Después, uno podrá ponerle su toque, pero ambos ingredientes son claves para un resultado feliz. Un ají amarillo fresco y un buen queso fresco, de preferencia de origen artesanal, comprados en el puesto de mercado.

A partir de ahí, aparecen las versiones a su gusto. En la casa de mi infancia pelaban el ají en agua hirviendo, retiraban venas y pepas, y licuaban todo directo con el queso. Luego, aprendí que también se puede dorar un poquito de ajo y cebolla, y añadirlos con su aceitito al licuado del ají y queso. Como prefieran. En mi casa también echaban un chorrito de leche evaporada y otro de aceite para darle textura. Y, si quedaba muy suelta, porque el ají y el queso tenían mucha agua, entonces le añadían a escondidas una galletita de soda. Lo que recuerdo con claridad es que, siguiendo los consejos de la gran Teresita Ocampo, en mi casa le echaban al licuado, al final, una yema de huevo cocida que le daba una textura especial.

Y un secretillo odiado por mi abuela era que, si el queso y el ají andaban bajetones de sabor, le echaba al final una mini gota de limón. Pero, claro, todo es cuestión de gustos, de recuerdos y, sobre todo, de amor. Mucho, mucho amor.

Foto: archivo histórico de *El Comercio*.

RECETA: PAPA A LA HUANCAÍNA

En una sartén salteamos 2 ajíes amarillos troceados (sin venas ni pepas) con 2 dientes de ajo y un trozo de cebolla roja. Echamos todo en una licuadora junto a 4 ajíes amarillos crudos (sin venas ni pepas), 4 galletas de soda, 2 tazas de queso fresco saladito, ½ taza de leche evaporada y ¼ de taza de aceite vegetal. Licuamos y opcionalmente agregamos 1 yema de huevo cocida y 1 gota de limón, y probamos la sal. Servimos cuando la salsa aún esté tibia y cremosita sobre las papas de su preferencia, cortadas en rodaja. Decoramos con huevo duro, aceituna y su hojita de lechuga.

LAS VARIANTES

LA VERSIÓN CASERA AL TOQUE

En una licuadora echamos 5 ajíes amarillos crudos (sin venas ni pepas), 2 tazas de queso fresco saladito desmenuzado, 6 galletas de soda, ½ taza de leche evaporada y ¼ de taza de aceite vegetal. Licuamos hasta que quede cremoso y, finalmente, añadimos unas gotitas de limón. Probamos la sal y servimos igual que en la receta anterior.

LA VERSIÓN PARA VALIENTES

En una licuadora agregamos un rocoto (sin venas ni pepas), un ají limo (sin venas ni pepas), 4 ajíes amarillos (sin venas ni pepas) y echamos 6 galletas de soda, 2 tazas de queso fresco saladito, ½ taza de leche evaporada y ¼ de taza de aceite. Licuamos hasta obtener una crema suave, pero bien picante. Al final, añadimos unas gotas de limón y probamos de sal. Servimos igual.

YUCAS FRITAS CON HUANCAÍNA

Cocemos unas yucas peladas en agua hasta que revienten, es decir, cuando se rompen con facilidad. Las dejamos enfriar y las cortamos en bastones. Luego, las llevamos a la refrigeradora durante 1 hora, aunque también se pueden congelar. Calentamos abundante aceite, debe estar bien caliente. Echamos las yucas frías o congeladas en el aceite, pero con cuidado de no echar muchas ni llenar hasta muy arriba de aceite la sartén porque se puede rebalsar. Calculen la mitad de altura de la sartén llena de aceite. Gracias al contraste de temperaturas se formará una costrita dorada por fuera y cada yuquita quedará cremosa por dentro. Acompañen con la salsa huancaína que más les guste.

Prueba y error

Foto: *Revista Caretas.*

La Herradura, playa de *surfers* limeños y de todas partes.

Los ritmos de hoy son muy distintos a los de ayer, cuando todo, hasta el fracaso, se vivía suavemente.

Y vaya que fracasé y fracasé en cuanta aventura emprendí, sin saber que cada fracaso era, en realidad, un paso más hacia la conquista de mi propio camino.

Fracasé intentando ser *surfer*, haciendo el ridículo en cada ola mientras mis amiguitos salían campeones. No sabía, en ese entonces, que aquella conexión con el mar nutriría mi trabajo para siempre.

Fracasé como corredor de autos, pasando largas horas en un taller mecánico ubicado en el barrio de Mendiburu, preparando un auto que siempre me hizo quedar de último, pero que me permitió enamorarme tanto de su entorno que, años después, me llevaría a hacer allí nuestra querida cebichería La Mar.

Y fracasé, también, como cantante de rock, en una banda que solo pudo ser famosa cuando fui sustituido por el recordado Diego Bertie. Un fracaso que me enseñó a afinar el ritmo y las cadencias que luego aplicaría al cocinar.

Y, por supuesto, fracasé en las versiones iniciales de mis primeros platos: el cebiche sin el balance correcto entre la sal, el limón y el ají. El tallarín saltado con mucho sillao. El arroz blanco mazacotudo. Y, especialmente, una papa rellena que se desintegraba lentamente en el aceite en vez de quedar dorada.

Al final, como en todos los fracasos, aprendí la lección. Y el cebichito salió en su punto, el arrocito me quedó graneadito y la papita resistió al aceite, resultando dorada y cremosita a la vez.

Y así, aquí seguimos, como ayer, fallando y aprendiendo, fallando y aprendiendo. Y está bien que así sea, no pasa nada. Está bien.

RECETA: PAPA RELLENA

Querida papa rellena, no sé qué pasó esa primera vez en la sartén. No sé si fue el aceite, no sé si fue la masa. Lo único que sé es que vi cómo, poco a poco, te ibas desmoronando en esa fritura que parecía restregarme en la cara mi propia inexperiencia. Pero ahora, ya aprendí. Ya sé que debo combinar 4 papas blancas grandes y cocidas con 1 papa amarilla. Sé que debo pasarte por el prensapapas aún caliente y que luego debo amasarte a mano, añadiendo un huevo, sal y pimienta, hasta que quedes suave y elegante.

Ahora sé cómo hacer tu relleno con ½ kilo de carne de bistec picada a mano (o de carne molida), sudada con 1 cebolla roja picada finita, con una pizca de ajo molido, 1 cucharada de ají panca licuado, sal, pimienta, comino y orégano; y que solo al final debo echar la pasa, el huevo y la aceituna.

Ahora ya sé que tu relleno va sobre la masa solo cuando esté bien frío, para que ese juguito se esconda y vuelva a aparecer jugoso al freírte.
Sé que antes de rellenarte debo poner harina en mis manos, estirarte sobre mi palma, pero sin golpearte, que todo debo hacerlo más bien con dulzura. Que la porción de relleno debe ser generosa y que, al cerrarte en forma oval, debo pasarte por harina y por huevo batido, dejarte un ratito reposar en paz mientras se calienta el aceite, y recién ahí freírte con delicadeza y servirte con salsa criolla a un lado y con una de tus cremas favoritas al otro. Confía en mí, querida papa rellena, te juro que no te defraudaré.

LAS VARIANTES

PAPA RELLENA DE CAMARONES

Reemplazamos la carne de la receta anterior por 24 colas de camarones chicos picados, que echamos al final del aderezo. Incorporamos 1 cucharadita de coral de las cabezas del camarón que añadimos al comienzo.

PAPA RELLENA DE VERDURAS

Seguimos la misma receta de la papa rellena de carne, solo que la cambiamos por 2 tazas de verduras picadas pequeñitas. Zanahoria, habas, vainita y arvejas. Solo cocinamos el relleno como si fuera la carne.

PAPA RELLENA DE GUISO

La idea es utilizar siempre todo. Si les sobra picante de carne, seco de res, estofado de res, etc., todo lo pican chiquito y lo dejan enfriar. En un seco de carne, por ejemplo, se pica la carne, la zanahoria, las arvejas, la papa, se mezclan con su salsa y se deja enfriar. Esto se usa tal cual como relleno.

El chaufa y la tortilla, un final feliz

Detrás de cada plato se esconde un recuerdo, o varios, que a la hora de cocinar se entremezclan para dar vida a nuevas versiones o para revivir aquellos momentos que nos hicieron tan felices cuando éramos niños y pensábamos que la vida solo era aventuras y alegrías.

En la casa de mi infancia, por ejemplo, dos platos nunca se llevaron bien: el chaufa y la tortilla. Básicamente, porque el primero, arropado por el cariño excesivo que le prodigábamos, siempre trató al segundo con arrogancia y desdén. «Mira cómo me aplauden», le decía el chaufa a la tortilla, luciendo la generosa porción de embutidos picados que le echaban en mi hogar. «En cambio tú, tortilla, solo verduras, y encima seca y grasosa. Qué diría el *omelette* si te viera, ni vergüenza tienes de que te sirvan con mi primo, el don nadie arroz blanco». Y así ocurría cada vez que se encontraban.

Pero la vida, casi siempre, se encarga de pasarnos factura y fue así como, años después, una hermosa tortilla de langostinos, jugosa por dentro y crujiente en sus bordes, llegó para hacer justicia. «Ven, chaufita, ven», le dijo, «mira qué linda olla te he traído, acomódate aquí para que te aplaudan». Y apenas lo hizo, la tortilla se acomodó sobre él, tapándolo por completo, de manera que, al llegar a la mesa, el aplauso al fin solo fuera para ella. «¡Hey, chaufa!», se escuchó que le dijo, «¿cómo va todo ahí abajo? ¿Lección aprendida?».

RECETA: CHAUFA TAPADITO

Para la tortilla, echaremos en una sartén 4 cucharadas de cebolla roja picada finita y 2 cucharadas de aceite de oliva o 2 de mantequilla. Dejamos sudar y añadimos 2 cucharadas de cebolla china, parte blanca, y luego 12 colitas de langostinos pelados que doraremos por 2 minutos. Pasado ese tiempo, echamos en la sartén 5 huevos que habremos batido previamente con sal y pimienta blanca. Dejamos que todo se acomode, que cuaje ligeramente, haciendo huecos al fondo con cuidado, de manera que el huevo crudo vaya haciendo contacto con la sartén. Volvemos a hacer huecos, rompemos un poquito y dejamos que se siga haciendo lentamente. Cuando dore el fondo, le damos una vueltita, unos segundos más en la sartén y listo. Para el chaufa, en una sartén agregamos un chorro de aceite con ½ taza de cabeza de cebolla china picada muy finita, 1 cucharada de ajo molido y 1 cucharada de kion rallado. Sudamos 2 minutos a fuego medio y añadimos ½ taza de pimiento rojo picado en dados chiquitos y 1 taza de alguna carne picada, pollo, lomo de res, lomo de cerdo, o picadillo de embutidos, como en mi casa de la infancia. Lo que prefieran. Doramos todo rápidamente por 2 minutos y añadimos 4 tazas de arroz cocido. Subimos el fuego al máximo y dejamos de mover hasta que empiece a sonar como si en el fondo se estuviera tostando o friendo y damos vueltas. Agregamos ahora 2 cucharadas de aceite de ajonjolí, 4 de sillao, sal, pimienta blanca, una pizca de azúcar, 1 cucharada de salsa ostión y 2 tazas de cebolla china (la parte verde, picada finita). Al final, cubrimos con la tortilla y listo.

LAS VARIANTES

ARROZ CHAUFA TIPO CHIFA

La diferencia con el chaufa de la receta anterior es que la tortilla se hace al comienzo, luego de los condimentos iniciales. Es sobre esa tortilla que se echa el arroz. Todo se integra poco a poco durante la cocción y no con la tortilla encima al final, como ocurre en el tapadito. Otro secretito de muchos chifas es un polvito chino llamado Chicken Powder. Lo venden en las tiendas de productos chinos. Pero, por favor, no le digan a nadie que lo descubrieron en este libro.

ARROZ CHAUFA VEGETARIANO

Uno de mis favoritos. Cambiamos cualquier carne por ½ taza de champiñones en láminas, ½ taza de brócoli picado que añadimos en el momento en que entran los pimientos en el arroz chaufa tapadito. Echamos todos los condimentos del tapadito y, al final, agregamos ½ taza de lechuga americana o criolla picada en tiras, ½ taza de frejolito chino, una tortilla picada de 4 huevos y, si gustan, también unos fideos chinos previamente fritos. Se saltea todo y listo.

ARROZ CHAUFA DE CAMARONES

Seguimos tal cual la receta inicial, solo que cambiamos la carne por 1 taza de colas de camarones peladas y picadas en 2. También echamos 1 cucharadita de coral de las cabezas del camarón al aderezo de ajo, kion y cebolla china. El resto es igual a la receta base.

El lonche de Hortensia

Mi papá y mi abuelita Hortensia, que nos entregó todo su cariño cusqueño.

Cómo olvidar los lonches de Hortensia, mi abuelita cusqueña, en su casa de la señorial calle Los Libertadores, en el aristocrático San Isidro. Un distrito que, al menos en aquellos tiempos, prefería mirar hacia el mar antes que a los Andes. Pero aquello a mi abuelita Hortensia no le importaba. Orgullosa de sus raíces, cada sábado nos invitaba a tomar un suculento lonche que de costeño tenía poco y de andino lo tenía todo.

Paso a narrar. Primero, llegaban unos tamalitos que no se parecían en nada a los ricos tamales que una familia chinchana vendía en la esquina de mi casa. Los de mi abuelita eran blancos y rellenos, casi siempre de un adobo que seguro le había quedado del día anterior. Después, llegaban sus chicharrones, que nunca fueron convertidos en sánguche, sino que los servía con papas y una ensaladita en la que predominaba la hierbabuena. Luego, nos engañaba diciendo que temprano había hecho un hueco para hacer pachamanca, pero en realidad era al horno y nos la servía con todas sus salsas. Otro día podía ser un guiso de quinua muy cremoso, que en San Isidro algún despistado podía haber confundido con un *risotto*. Eso sí, nunca faltaban sus choclos de colores con su queso de Urubamba; su solterito de habas al lado; su ají de huacatay al que ella llamaba *uchucuta*; y un pastel que a veces era de fideos y otras de coliflor.

«¡Pásame la *uchucutaaaa*!», gritaba a viva voz doña Hortensia, haciéndome sudar frío por si los vecinos escuchaban esa palabra quechua en tan republicana calle. Al final, siempre terminaba con algo que hubiera sido considerado un delito en un lonche limeño de entonces. Una sopita, mi favorita, la chuño cola, una cremita a la que llamaba *lawa*; o cuando era temporada, un guisito de setas silvestres al que llamaba *kapchi*. Una fiesta inolvidable.

Estos recuerdos que habitan en lo más hondo de nuestro corazón vuelven a la vida gracias a la cocina. Si bien podemos recrear esos platos que se han quedado impregnados en nuestra memoria gustativa, somos conscientes de que jamás podremos igualar, y menos superar, en mi caso, el sabor que le ponía doña Hortensia. Porque en sus platos habitaba el orgullo invencible por sus raíces y el amor infinito a sus nietos.

RECETA: PACHAMANCA A LA OLLA

Cortamos 1 pollo en 4 trozos y hacemos lo mismo con 1 kilo de panceta de cerdo. Maceramos las carnes durante toda una mañana con 1 taza de ají panca licuado y otra de ají amarillo licuado, 1 taza de vinagre, sal, pimienta, comino, 1 cucharada de ajo molido, ½ taza de culantro, perejil, huacatay y hierbabuena, todo licuado. En una olla grande, colocamos, como base, hojas de plátano. Encima va la panceta, luego el pollo, 4 papas huayro, 4 papas nativas (las que gusten), 4 camotes, 4 ocas, 4 mashuas y 1 choclo. Bañamos con el macerado y ½ taza de agua. Cubrimos con más hojas de plátanos y tapamos la olla. Dejamos cocer por una hora a fuego suave o en el horno a fuego medio. Pasado ese tiempo, estará lista. Servimos en la mesa, en su propia olla, acompañada de sus salsas favoritas.

LA VARIANTE

PACHAMANCA DE RES

En una olla con agua y sal cocinamos ½ kilo de asado de tira con hueso, ½ kilo de punta de pecho, ½ kilo de lengua y ½ kilo de osobuco de res. Vamos retirando cuando todo esté cocido y suave. Colocamos las carnes sobre hojas de plátano con los vegetales alrededor. Bañamos todo con el licuado de maceración de la pachamanca a la olla para hacer en casa, tapamos con más hojas de plátano y llevamos al horno por 20 minutos. Servimos en la mesa con las mismas salsas.

El engreído de la casa

Imagen: Biblioteca Ricardo Palma de la Municipalidad de Miraflores.

Cuando mi padre invitaba a toda la familia a comer a un restaurante, para mí, a diferencia de mis hermanitas que vivían suspirando por sus novios pelucones de entonces, era como si me invitara a la final de un Mundial de Fútbol. Recuerdo que siempre, apelando a su probada vocación democrática, era recién en el auto que pedía que votemos por el restaurante al que iríamos.

«¿Quieren ir al chifa Lung Fung, a la parrilla Rincón Gaucho, al francés Saint-Tropez, a la pizzería Diagonal, al criollo José Antonio o a la Trattoria Roxi?», recuerdo que nos preguntaba, mencionando sus restaurantes favoritos. «Chifa, chifa, nos provoca chifaaa, pero no el Lung Fung, vamos al del Regatas», decían casi siempre mis hermanitas al unísono, pero no por la comida, sino porque tenían la esperanza de encontrarse con sus amores de verano del club Regatas o, lo que es peor, con las rivales de sus amores.

«¿Y tú, hijito, también quieres ir al chifa?». Preguntaba mi padre algo nervioso, quizás rezando para que dijera que sí y evitar así lo que ya sabía ocurriría después en caso contrario. «No, no quiero chifa, quiero camarones. Ese timbal de camarones del Roxi, o la corvina en salsa de camarones del Saint-Tropez. Pero chifa no, porque el domingo ya trajimos chifa a la casa». Recuerdo que, ante mi respuesta, de pronto, un silencio invadía el auto, solo interrumpido por mi padre cuando lo encendía. Luego, haciendo un intento por minimizar la situación, avanzaba hacia la avenida Javier Prado, rumbo a lo que parecía ser la Vía Expresa, camino hacia el Regatas, hasta que llegábamos al primer semáforo y ocurría lo que tenía que ocurrir. «¿Y si vamos a comer unos camarones?», decía mi papá en tono de pidiendo disculpas. «¡Papáááá, siempre lo mismoooooo!», gritaban mis hermanas. «¡Siempre haces lo que él quiere! ¡Siempre vamos a donde quiere este tragón! ¡No es juuuusto!», gritaban desesperadas. Pero claro que era justo. Porque la invitación era a comer, no a ver jovencitos con olor a marihuana, como decía mi abuelita; ni a jovencitas mirándonos con despecho desde las mesas de al lado. La invitación era a disfrutar de una comida deliciosa y el único que le hacía justicia a la invitación era el hijito acusado de ser el engreído. Calumnias. Por cierto, el timbal estuvo, como siempre, delicioso.

Foto: La Mar.

RECETA: TIMBAL DE CAMARONES

Hacemos una salsa bechamel, más conocida como salsa blanca, con 2 buenas cucharadas de mantequilla y 2 cucharadas de harina que vamos cocinando suavemente en una cacerola. Luego echamos poco a poco ½ litro de leche caliente y vamos batiendo con rapidez para no formar grumos. Sazonamos con sal, pimienta blanca y una pizca de nuez moscada. Añadimos el coral de los camarones, que habremos extraído de las cabezas de 24 camarones y cocido previamente con 2 cucharadas de mantequilla. Aparte, doramos las colitas de camarones peladas y flambeamos con 1 copita de brandy. Echamos las colitas en la bechamel con coral. Calentamos todo y agregamos ½ taza de crema de leche hasta darle el punto de una salsa de camarones cremosa, que mezclaremos con unos *fettuccine* al huevo cocidos al dente. Acomodamos todo en una fuente, cubrimos con parmesano rallado y trozos de mantequilla. Horneamos en el gratinador hasta que todo esté dorado por encima.

LA VARIANTE

TIMBAL DE CONCHAS

Hacemos una salsa bechamel igual a la receta anterior, solo que, en este caso, en vez del coral le añadiremos al final ½ taza de su salsa huancaína favorita, 24 conchas de abanico limpias que habremos salteado rápidamente en mantequilla, ½ taza de crema de leche y procedemos a mezclar con la pasta igual que en la receta anterior. Horneamos de la misma forma.

Bailar pegado sí es bailar

Mis hijas se ríen de mí cuando les cuento que, en mis fiestas de quince años, si uno quería bailar tenía que sacar a la pareja y que, en aquellos tiempos, si alguien se ponía a bailar solo, como ocurre ahora, incluso hasta podrían haberte echado de la fiesta.

Pero mis hijas se ríen mucho más cuando les cuento que el momento cumbre ocurría cuando ponían esas canciones lentas que se bailaban pegado. «¿Pegado? ¿Cómo que pegado?». Me preguntan riéndose. «Pues pegado, amarrando ella sus brazos alrededor del cuello de él y él colocando los suyos estratégicamente justo donde acaba la espalda». Pero claro, eso era solo el comienzo. Porque cuando REO Speedwagon se arrancaba con «*I can't fight this feeling any longer...*», todo podía ocurrir. El beso esperado largamente, la declaración de amor al oído, la cachetada sonora ante la mano insolente, las lágrimas por la terminada inesperada. Todo era posible en esos cuatro minutos en que dos jovencitos, delante de todos, de pronto se encontraban abrazados cara a cara. Todo, siempre y cuando el miedo al fracaso no te dejara sentado en la silla toda la noche, por el temor a ser rechazado.

Porque había que ser valiente para cruzar toda la fiesta, dirigirte a la chica que habías soñado abrazar durante meses, preguntarle si quería bailar contigo esa canción y que delante de todos ella te dijera «no, gracias», dejándote allí, con la vergüenza de tener que regresar a tu silla, intentando poner cara de que es ella quien se lo pierde.

«¿Y te pasó muchas veces? ¿Te cancelaron?», insisten mis hijas con curiosidad. «¡Claro que no!», respondo, intentando que me imaginen como el galán con el que todas morían por bailar. Pero tengo que confesar que en realidad no me pasó porque casi nunca lo intenté, porque a último momento, cuando debía lanzarme, de pronto me invadía un incontrolable miedo al rechazo.

Miedo como el de aquella vez en que tuve ante mí al amor platónico de mis años 80. Sentada justo al frente, con gestos estudiados,

Esta foto es de cuando ingresé a la universidad para estudiar algo que nunca terminé.

revelando un interesado desinterés, como si estuviera esperando que me acercara finalmente para darle ese primer beso que había notado que yo ansiaba. Recuerdo que pasaban las canciones y me imaginaba contándole al oído acerca de todos los héroes que yo había soñado ser para ella. El campeón mundial de tenis y ella en la tribuna enviándome besos volados. El ganador del Caminos del Inca y ella bañándome en espumante al recibir la copa. El cantante de rock que corría a refugiarse en sus brazos ante la mirada perpleja de sus fans. Pero nada de eso ocurrió.

Pasaron las horas, sonó la última canción, se encendieron las luces, las mesas de bocaditos estaban vacías, un par de jóvenes dormían privados en el jardín, y el amor platónico partía de la mano de otro, no sin antes mirar hacia atrás, allí donde estaba yo, como diciéndome, te lo perdiste. Y yo, una vez más, solo, con mi único compañero fiel e incondicional, el que fue mi salvavidas, el que aparecía al final de cada fiesta en las madrugadas de aquellos años 80, cuando todo era silencio. Mi querido y entrañable aguadito.

RECETA: AGUADITO DE POLLO

Cocemos en 6 tazas de agua 1 kilo de rabadillas, pescuezos y patas de pollo para hacer un suculento caldo concentrado. Mientras se cocina, preparamos un aderezo con 2 cebollas rojas picadas finitas, 1 cucharada de ajo molido, 1 taza de ají amarillo licuado y una pizca de comino. Cocemos 15 minutos. Añadimos culantro licuado, cocemos 5 minutos más, y agregamos un toque de chicha de jora, 4 tazas del caldo concentrado que hemos hecho, ½ taza de arvejas crudas, ½ taza de zanahoria picada, ½ taza de zapallo picado y ½ taza de choclo desgranado. Damos un hervor de unos 10 minutos y echamos una taza de dados grandes de pechuga de pollo y otra de dados grandes de pierna de pollo sin piel. Finalmente, echamos 4 tazas de arroz cocido y 2 papas amarillas cocidas, cortadas en dos. Dejamos que espese y coja punto y probamos la sal y pimienta. Al final, más culantro picado, unas gotitas de limón, ajicito o rocoto picado, y listo.

LA VARIANTE

EL MARINO

Se hace exactamente lo mismo que en el aguadito de pollo, con dos modificaciones.

Preparamos un caldito con huesos de pescado en lugar del de pollo. Al final, echamos filetes de pescado en dados, langostinos chicos pelados y el marisco que más les guste, justo después del arroz y las papas, cuando ya casi tomó punto. Unos segundos de hervor y terminamos con limón, ají y más culantro picado.

EL NAVIDEÑO

Seguimos la misma receta que el del aguadito de pollo, pero añadimos al final los retazos de pavo que nos sobraron de la cena navideña y el jugo de asado del pavo al horno.

EL SUSTANCIOSO

Seguimos la receta del aguadito de pollo, solo que agregamos, junto a las verduras, ½ kilo de mollejas de pollo previamente cocidas. Cuando echamos el arroz, añadimos ½ kilo de higaditos de pollo (previamente cocidos unos segundos en agua) y 1 taza de corazones de pollo.

El arroz invencible

En la casa de mi infancia no hacía falta reloj. Eran los sonidos y aromas los que anunciaban la hora.

A la noche, el ruido de los grillos y lechuzas que habitaban en el viejo pino del jardín anunciaba que había llegado la hora de dormir. A la mañana, eran las cuculíes las que cantaban la salida del sol, siempre atentas al acecho del infaltable gato techero, quien las soñaba como desayuno. Y, al mediodía, cuando la cocina se encendía, eran los aromas los que anunciaban el almuerzo. Especialmente al llegar el verano, cuando las enormes ventanas al pie de la escalera de nuestra casa se abrían, dejando entrar los vientos de aquel San Isidro de los viejos años 70, cuando la vida pasaba suavemente.

Vientos que se encargaban de llevar por todos los rincones de la casa el aroma del arroz recién hecho que, en toda familia que lleve sangre trujillana, no podía faltar ni un solo día del año para acompañar hasta lo más improbable.

Ajo, agua, sal y arroz, solo cuatro ingredientes bastaban para hacer de ese momento cotidiano, inofensivo, un momento de esos que solo el tiempo se encarga de darle su justo valor.

Recuerdo también que, a veces, aquel aroma limpio, fragante y mínimo del arroz blanco, de pronto era invadido por tres aromas más complejos, casi subversivos, que intentaban usurpar su reino.

El primero era el aroma a culantro intenso del arroz con pollo, quizás el que más se le acercaba en popularidad. El segundo era el aroma a mar profundo de un delicioso arroz con choros y machas, cuando las playas de los mares del sur peruano aún nos regalaban esas machas que luego desaparecían de nuestro océano. Y el último era el aroma a ají amarillo del arroz con carne, que mi abuela trujillana hacía con trozos de malaya y al que añadía vegetales poco usuales, como el camote, la col, el frijol de palo, los garbanzos, el nabo, todos confabulando para un concolón de antología.

Feroces batallas las que libraban aquellos tres arroces para arrebatar las simpatías hacia el humilde entre los humildes, con la certeza de que sus victorias siempre resultarían efímeras. Después de todo, los tres lo tenían claro. Sabían que, al final, el aroma del arroz blanco, entrando por la ventana al mediodía, se encargaría siempre de poner todo en su lugar.

RECETA: UN ARROZ CON CARNE PARA GOZAR EN FAMILIA

El aderezo. 2 cebollas picadas muy finas, sudando lentamente con un chorro de aceite. Agregamos una buena cucharada de ajo molido. Sudamos un poco más y echamos ½ taza de ají amarillo fresco licuado y ½ taza de ají mirasol licuado. Añadimos ahora 1 kilo de los trozos de la carne que más les guste. Falda, malaya, asado de tira, pecho. Mojamos con un chorro de chicha o de cerveza, agregamos ramas de culantro y hierba buena, sal, pimienta, comino y a guisar a fuego lento, añadiendo 4 tazas de agua o caldo hasta que las carnes estén suaves. Las retiramos y reservamos.
Es momento de hacer el arroz. En la misma olla echamos ahora ¼ de taza de frijol fresco crudo, otro ¼ de choclo fresco crudo, otro ¼ de arvejas tiernas crudas, otro de nabo en dados, otro de zanahoria en dados y otro de pallar verde. Dejamos cocer todo durante 5 minutos, probamos de sal y echamos 2 tazas de arroz crudo. Esperamos que hierva a fuego fuerte por 3 minutos. Bajamos el fuego a suave por 12 minutos. Regresamos las carnes y tapamos. Los últimos 2 minutos echamos camote en dados, col cortada en tiras, subimos el fuego para secar un poco y hacer el concolón debajo. Una movidita, servimos en una fuente y acompañamos con una salsa criolla a la que añadimos palta y rabanitos.

LA VARIANTE

ARROZ CON CHANCHITO

Hagan la misma receta que la anterior, solo que, en vez de carne, pónganle trozos de cerdo, de preferencia de pierna y, si gustan, unos chorizos cortados en rodajas.

La mesa prohibida

Foto: Colección Vladimir Velásquez.

Cuando era niño, no iba a los santos a jugar a la cuchara con limón ni daba vueltas a las sillas al ritmo de la música. Yo aprovechaba cuando los títeres empezaban su función, el payaso Chocolatín hacía sus bromas subidas de tono a las mamás y todos se ponían alrededor de la piñata, para salir corriendo a la mesa de los sanguchitos, los dulces y la gelatina. Los cánones sociales decían que uno debía esperar el canto del *happy birthday* (¿por qué en inglés, Señor mío, por qué?), pero aquello era un martirio que no estaba dispuesto a soportar. Esperaba el menor descuido y, zuácate, butifarrita a la boca. Las señoras elegantes rajaban de las no tan elegantes y, zumbaaaaa, sanguchito de pollo pa dentro. Los mozos pasaban elegantes con sus coctelitos de fresa con pisco en esos vasitos de vidrio bordados de hojitas y, fummmmm, manás y alfajorcitos vengan a mí. La tía millonaria empezaba a repartir sorpresas a los niños y yo aprovechaba para llenar los bolsillos de mi saquito de lino con unos sanguchitos de huevo con mayonesa que se deshacían en la boca para comérmelos a escondidas en el baño.

El problema era que siempre me atrapaban infraganti. A veces, con un grito sobre mi espalda, pidiéndome respeto, o con un murmuro de los rajones que decían, «ay, este chiquito, por eso está tan gordito». Recuerdo que, en ese momento, rojo de vergüenza, sentía que quería desaparecer. Con el tiempo comprendí que no tanto, porque a cada cumpleaños siguiente el ritual era el mismo. Bañada con jabón Johnson's, talqueada y perfumada con lo mismo, raya al medio, pantalón a rayas, saquito de lino y listo. Al ataque nuevamente. Sanguchito a la boca, alfajorcito al bolsillo.

Sospecho que no fui el único niño que, en vez de jugar con los amiguitos del santo, se escabullía entre el alboroto en busca de la mesa prohibida. Éramos muchos más.

RECETA: SANGUCHITOS DE SANTO DE HUEVO

En una olla cocemos 5 huevos de corral por 9 minutos, los retiramos y colocamos en un recipiente con agua fría. Cuando estén fríos, los pelamos y rallamos por la parte gruesa de un rallador. Mezclamos el huevo con ½ cucharada de crema de leche con una pizca de azúcar blanca y con 5 cucharadas de mayonesa hasta que todo se integre. Para armar los sanguchitos usaremos 3 rebanadas de pan Pullman sin corteza. Primero, humedecemos dos paños gruesos de papel de cocina, ponemos uno de base, una rebanada de pan de molde encima y, sobre este, el otro paño, y pasamos un rodillo para que el pan quede húmedo y blando. Repetimos con todo el pan. Aparte, mezclamos en un bol 1 cucharada de mantequilla a temperatura de ambiente con 1 cucharada de mayonesa y untamos cada tajada. Luego, esparcimos la mezcla de huevo en un pan, tapamos, y agregamos la otra mitad del relleno y volvemos a tapar. Presionamos un poco para que todo se acomode y listo. Cortamos en 8 trozos iguales de forma triangular.

LA VARIANTES

DE HUEVO CON ACEITUNA

El relleno de huevo es el mismo de la receta anterior. Para el relleno de aceituna, colocamos ½ taza de aceitunas en una olla, las cubrimos con agua, echamos 2 cucharadas de azúcar y cocinamos por 10 minutos. Luego, las escurrimos y una vez frías las cortamos en trozos pequeños y mezclamos con 1 cucharada de mayonesa. Para armar los sanguchitos, repetimos la preparación de la receta anterior, pero usando nuestros rellenos de huevo y aceituna en cada capa de pan. Cortamos en 8 triangulitos.

DE POLLO

Hervimos ½ pechuga de pollo con 1 rama de apio y sal al gusto por unos 8 minutos. Una vez fría, la deshilachamos y mezclamos con 5 cucharadas de mayonesa, ½ cucharadita de sal y una pizca de pimienta negra molida. Para el armado, seguimos la preparación de la primera receta, pero solo usamos dos rebanadas de pan Pullman sin corteza. Rellenamos generosamente, tapamos, presionamos y cortamos en 8 triángulos.

DE POLLO, TOMATE Y PALTA

Usamos el mismo relleno de pollo de la receta anterior. Para el armado, seguimos la primera receta con 3 tajadas de pan. En la primera capa colocamos rodajas de tomate y láminas de palta, ambas delgaditas y sazonadas con sal. Tapamos con una tajada de pan y encima colocamos el relleno de pollo con mayonesa y volvemos a tapar. Presionamos para que todo se acomode y cortamos en 8 triángulos iguales.

DE PALTA, HUEVO Y TOMATE

Para el relleno de huevo, seguimos las indicaciones de la receta de sanguchitos de huevo con aceituna. Para el armado, seguimos la receta principal, solo que en la primera capa repartimos rodajas delgadas de tomate con sal y el relleno de huevo. Tapamos y en la otra capa colocamos láminas delgadas de palta con sal y tapamos con la última rebanada de pan. Presionamos y cortamos en 8 triángulos de igual tamaño.

Con mis hermanas y mis padres, Gastón y Jesús.

El niño que amaba las sopas

El niño que fui alguna vez siempre me busca muy temprano, como queriendo que la vejez nunca venga a llevarme. Me coge de la mano y me lleva a la cocina de la casa de mi infancia, porque sabe que fue allí, entre caldos y sopas, donde aprendí a jugar. Rebusca entre los muebles las ollas más viejas, las permitidas. Rebusca en la despensa la verdura marchita, el hueso olvidado, la papita amarilla que de tanto esperar germina y germina como una antigua pena. Rebusca en su memoria todas las sopas que, al probarlas, le hicieron salir corriendo a cantarle al mediodía: el chaque de tripas de la picantería cercana; la sopa wantán del chifita para llevar; la crema de zapallo con su pan frito mientras cae la lluvia; la enorme dieta de pollo que en realidad hacía engordar.

Y así, con todo sobre la mesa, el niño raro que amaba las sopas juega a cocinar. Llena una olla de agua en la que echa un trozo de algo, alguna pechuga quizás, media costilla tal vez, las verduras y hierbas que por ahí encuentre olvidadas, y deja cocer lentamente hasta que todo se desmorona con solo mirarlo. Añade una papita, unos fideos, prueba, sazona con sal, pimienta y unas gotas de otro algo, según el humor: a veces sillao, otras limón y listo. No sabe cómo llamarla, solo sabe que huele rico, sabe rico. Que el juego ha terminado, que la sopa está lista.

RECETA: LA CREMA DE ZAPALLO

En una olla echamos un buen trozo de mantequilla. Añadimos 1 taza de cebolla blanca picada finita. Dejamos cocer 5 minutos a fuego suavecito. Incorporamos 5 tazas de zapallo sin cáscara, el que más les guste. Dejamos que el zapallo se deshaga y agregamos solo una pizquita de cáscara de naranja rallada bien finita. Echamos 1 taza de caldo de verduras o caldo de pollo. Dejamos hervir todo y licuamos. Regresamos la preparación a la olla para que siga hirviendo y sumamos ½ taza de leche evaporada y ½ taza de crema de leche. Damos un buen hervor y añadimos otro trozo de mantequilla, sal, pimienta blanca y una pizca de azúcar. Hervimos hasta que coja punto, una probadita y listo. Pueden acompañar la crema con un huevo frito o pochado, pancito frito o pan tostado al lado, para ir mojando.

RECETA: LA SOPA WANTÁN

Empezamos con los wantanes. Mezclamos ½ kilo de carne de pierna de pollo molida con un ¼ de taza de cebolla china picada finita, 1 cucharada de kion rallado, 1 cucharadita de chuño, 1 clara de huevo, 1 cucharada de aceite de ajonjolí, sal, pimienta y una pizca de azúcar. Con esto, rellenamos los wantanes dándoles la forma que más nos guste. Aparte, hervimos en una olla caldo de pollo casero al que le añadimos unos filetes de pechuga cortados en trozos, 1 rodaja de kion, 4 mollejas de pollo cocidas y los wantanes. Dejamos cocer unos minutos, agregamos abundante col china en trozos, jolantao entero al gusto, probamos de sal, echamos un chorrito de sillao, un puñado de cebolla china picada, un hervor y listo.

El agente secreto

Foto: Lizardo López y familia.

Presentación de la orquesta de Aníbal López y La Única en el restaurante Latin Brothers, allá por los años 80.

Conocí por primera vez el Latin Brothers, un restaurante con orquesta de salsa ubicado en Lince, gracias a mi hermana adolescente y, sobre todo, al novio de aquel entonces que iba a visitarla cada tarde.

Recuerdo que, en sus visitas, las horas iban pasando, se iba haciendo cada vez más tarde y él seguía allí, en la sala con pensamientos cada vez más pecaminosos. Alertado del inminente peligro, mi padre tomó una arriesgada decisión. Me eligió para hacerme cargo de la difícil misión de lograr que se largase.

La tarea era clara. Cada vez que llegara el novio, yo debía convertirme en su agente secreto y bajar a la sala a instalar mis robustos 10 años en el sofá, justo al medio de ambos. Con ello, evitaría cualquier contacto inapropiado propio de sus despertares de primavera.

Solo que mi padre olvidó un detalle: el novio de turno conocía mi lado más vulnerable y rápidamente encontraría la solución. «Mmmm... este niño tragón es fácilmente corruptible», pensó.

Un día, llegó a casa con un gran táper y, mirándome como el amo mira con un hueso en la mano a su mascota, me dijo: «Acompáñame, que tengo una sorpresilla para ti».

Y fue así como descubrí el Latin Brothers en Lince, el día en que lo acompañé a comprar una enorme jalea de mariscos a la que luego, ya en casa, me entregué sin pudor alguno, mientras mi hermanita y su galán daban rienda suelta a sus besuqueos. Mi padre, por cierto, jamás se enteró de que su agente secreto falló en su misión.

RECETA: LA JALEA MARINA

Pelamos 12 langostinos, cortamos 4 calamares limpios en rodajas, unos 400 gramos de filete de pescado fresco en trozos medianos y 2 hueveras grandes en trozos. Sazonamos con sal, pimienta, ajo molido y gotas de limón. Pasamos todo por huevo batido y luego por harina sin preparar, mezclada mitad y mitad con chuño. Freímos a fuego fuerte poco a poco, para que quede crocante. Aparte, preparamos una salsa criolla con cebolla, tomate y rocoto (todo cortado en tiras), culantro picado, sal, pimienta y limón. Acompañamos con yuca frita, cancha tostada, choclito desgranado y chifles de plátano.

LA VARIANTES

LA JALEA DE SONIA

Seguimos toda la receta anterior, solo que eliminamos el filete de pescado. En su lugar, freímos un pescado entero pasado por harina y sazonado con sal, pimienta y ajo molido. Colocamos encima todos los mariscos fritos y demás elementos de la versión anterior.

Mis abuelos

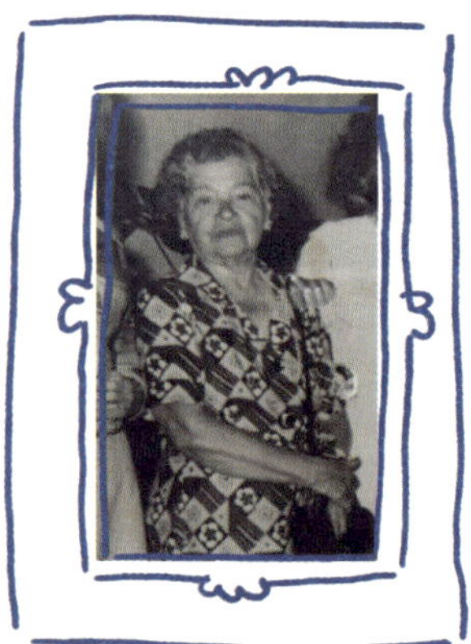

De izquierda a derecha: mi abuelo César Jaramillo; mis padres, Gastón Acurio y Jesús Acurio; Genoveva Rázuri; Rómulo Acurio, Hortensia Velarde, Chela Acurio, Guido Acurio, Bety Acurio, Gastón Acurio y Julieta Acurio.

Mi abuelo paterno era un señor pelirrojo al que nunca conocí. Don Rómulo «El Puka» Acurio, el hombre de las alturas de Maras, que de niño jugaba a hijo de terrateniente sin saber que, de adulto, se convertiría en abogado defensor del campesino contra el terrateniente. Estudioso y bohemio, justiciero y soñador, dividía sus amores entre el Cusco y Londres, entre la picantería y el Club Cienciano, del cual sería presidente vitalicio.

Mi abuela paterna, doña Hortensia Velarde, era una señora con cara de princesa inca a la que sí conocí. A diferencia de mi abuelo, hombre de ciudad, ella amaba la vida en la hacienda familiar, la Arata, en el corazón de Apurímac. Una tierra tan pero tan grande que dicen que empezaba en los hielos de las cumbres y terminaba en los mosquitos del cañaveral.

Cuenta mi padre que, al llegar el verano, toda la familia enrumbaba tres días a caballo para llegar a la hacienda, donde doña Hortensia, de trato eternamente gentil, era recibida con especial cariño por los cientos de pobladores locales que la esperaban con sus mejores papas y tubérculos, a los que ella correspondía con queso, mantequilla, gallos y gallinas, en un respetuoso intercambio que confirmaba la paz que allí reinaba. Dice mi padre que el día que mi abuela dejó la hacienda por la reforma agraria, el llanto general al verla partir pudo oírse hasta en el mismo Cusco. Era un presagio quizás debido a que, décadas después, la Arata sería usada por Sendero Luminoso como atajo.

Mi abuelo materno, don Víctor Jaramillo Vallejo, era un señor trujillano de sombrero y corbata a quien tampoco conocí. Solo sé que era un hombre bueno, generoso y elegante. Conservo de él, con sana envidia, apenas una foto suya donde aparece cargando a mis hermanas en sus brazos.

En cambio, mi abuela materna, Genoveva Rázuri Charún, fue parte de mi vida hasta sus últimos días. Hija orgullosa de Chepén, su cuarto quedaba a escasos metros del mío. Su radio de madrugada mientras escuchaba a Ramírez Lazo, sus nostalgias de un Trujillo de señores y señoras de otro tiempo, sus acuñas y chancaquitas, sus regaños nunca bien ponderados, el dolor de enfrentar la muerte el día que se fue. Cuántos recuerdos dejó Genoveva a su paso.

Un día, mi padre llegó a Trujillo ya como un joven ingeniero, soltero y muy exitoso, sin saber que ese Cusco orgulloso de su herencia incaica estaba por vivir una historia de amor eterno con aquel Trujillo de corazón colonial, algo improbable para la época.

Pero ocurrió. El amor triunfó. Un día Gastón Acurio Velarde se casó con Jesusa Jaramillo Rázuri, y fruto de ese amor nacieron sus cinco hijos: Cecilia, la justiciera, hoy en el cielo; Lucía, la trotskista, que se enamoró de un derechista; Jenny, la que le rompía el corazón a los cachimbos de la universidad; Bety, cuyo hijo le salió pelirrojo como el bisabuelo; y, finalmente, quien escribe esta historia: el hijo que todos esperaban convertido en político, pero que al final resultó cocinero.

Recuerdos de una historia de familia peruana, similar a la de muchas familias peruanas por cuyas venas corren todas las sangres. Porque eso es lo que somos los peruanos, hijos de los Andes, la costa, la Amazonía y el Altiplano. De Europa, Asia y África. Hijos de una diversidad que, expresada en nuestra cocina, hoy el mundo saborea mientras aquí, en nuestra tierra, celebramos y agradecemos orgullosos de ser parte del Perú, el país de todas las sangres. ¡Arriba Perú!

Para celebrarlo, haremos una receta de esas que uno encuentra en cada rincón del país en fórmulas distintas, propias de su identidad y entorno local, pero que al final terminan unidas por ese saborcito inconfundible a Perú. Un chupe.

RECETA: EL CHUPE DE MIS ABUELAS

En una olla hacemos un aderezo con un chorrito de aceite y 1 taza de cebolla picada finita, 1 cucharada de ajo molido, ½ taza de ají amarillo licuado y 1 cucharada de ají panca licuado. Sazonamos con sal, pimienta, comino, añadimos culantro y huacatay picados al gusto. Echamos 1 taza de habas, ½ taza de zapallo en dados, cubrimos todo con agua o caldo, agregamos 2 papas cortadas en 2, peladas, y dejamos cocer. Añadimos ½ taza de leche evaporada, ½ taza de queso fresco en dados, más huacatay, 2 huevos que dejamos que cuajen sin mover. Finalmente, unos dados de filete de pescado que habremos frito previamente pasados por harina, más huacatay picado y, a la hora de servir, le agregamos unas rodajas de pan frito y, si les gusta picante, una rodaja de rocoto y gotitas de limón.

El seco más jugoso

Desde que era un niño curioso de todo lo que tenía que ver con la comida, siempre me pregunté por qué al seco de carne que hacían en mi casa le llamaban seco, cuando lo más rico del plato era precisamente su hermoso jugo.

Recuerdo que mi abuela le ponía su toque norteño echándole un poco de chicha de jora y otro poco de loche rallado, quizás intentando que al menos en su jugo se pareciera al seco de cabrito de su Trujillo amado. Un jugo al que el arroz y la papa amarilla, que añadían en mi casa como acompañamiento, se entregaban sin pudor alguno.

Viene a mi memoria también aquel seco con frejoles del estadio Nacional, que comíamos en los intermedios de las eliminatorias del Mundial España 82, en donde una vez más el jugo del seco era la estrella de un combinado en el que la carne pasaba a segundísimo plano.

Y recuerdo también el seco de Teresita Izquierdo, que hoy sigue guisando su hija Elena, en El rincón que no conoces, con costilla de res y servido con sabroso tacu tacu.

Estos recuerdos me hacen pensar que tal vez todos los que han crecido con un seco en la memoria coinciden en la misma pregunta final: ¿por qué seco, si fueron y son tan jugosos?

Y por esa memoria de quienes ahora pasamos los cincuenta, conscientes de que nos quedan menos años por vivir de los ya vividos, nos damos cuenta de que, a veces, más importante que el porqué, el cómo o el cuándo, es simplemente aceptar, agradecer, vivir. Y por ello, en este dilema seco jugoso que hoy nos convoca, lo realmente importante es que es un plato criollo delicioso y listo. Pero más importante aún es entender que la vida avanza sin cesar y que, no mañana, hoy, tenemos la suerte de estar junto a las personas que más queremos y, gracias a ello, la oportunidad de hacerlas sentir bien y animarlas en los momentos difíciles. Por ejemplo, cocinándoles un sencillo guiso, poniendo en él nuestro mayor esmero y cariño, de manera que ese seco que acompañó nuestras vidas se convierta en el más jugoso de nuestra existencia.

Foto: *Revista Caretas.*

RECETA: SECO DE CARNE

Usemos siempre carne para guiso. Pecho, falda, cogote, asado de tira, osobuco, carrillera. Si es sin hueso, calcular 1 ½ kilo, y si es con hueso, 2 kilos. La cortamos en trozos medianos y la doramos en una olla con un chorro de aceite. Retiramos la carne y allí mismo hacemos un aderezo con 1 taza de cebolla roja picada finita, 1 cucharada de ajo molido, ½ taza de ají amarillo licuado y, si gustan, ¼ de taza de loche rallado. Cocemos unos 10 minutos. Añadimos ahora 1 taza de culantro licuado y un buen chorro de chicha de jora; si no consiguen, pueden echarle un chorro de cerveza. Regresamos la carne. Agregamos sal, pimienta, comino. Dejamos cocer por 40 minutos, 1 hora o más, según el tipo de corte, pero debe quedar suave y jugoso. Luego, echamos 2 papas peladas cortadas en trozos grandes, 2 zanahorias cortadas en rodajas y ½ taza de arvejas y dejamos cocer 10 minutos más. Añadimos más culantro picado, unas tiras de ají amarillo, probamos de sal y listo. Lo acompañamos con arroz, frijoles y salsa criolla.

LA VARIANTES

SECO DE CORDERO

Seguimos la misma receta del seco de res, solo que usaremos trozos de pierna o paleta de cordero cortados con su hueso. O, incluso mejor, de canilla o costillar de cordero. Y sustituimos la papa por yuca, pero que añadiremos cocida. También podemos agregar junto a las yucas unas rodajas de loche, pero es solo opcional. Luego seguimos con la receta anterior.

SECO DE POLLO

El procedimiento es igual al seco de res, pero usaremos un pollo entero que cortaremos en 12 trozos y doraremos como en la receta original. La cocción del pollo es mucho más corta, 15 minutos.

SECO DE PESCADO

Igual que en el seco de carne, pero aquí no doraremos el pescado. Haremos el aderezo, echaremos la chicha, las verduras, dejaremos que coja punto y, cuando todo esté casi listo (papas, arvejas, zanahorias), echamos 4 trozos de filetes de pescado de 200 gramos. Los filetes requieren solo una cocción de 5 minutos. Al final, seguimos según la receta clásica de seco de res.

A la izquierda, imagen histórica de nuestra selección cuando clasificó a España 82. En ese estadio Nacional que tantos recuerdos nos trae, vendían un seco con frejoles tan reconfortante como ese abrazo.

La magia de Lince

Foto: David Bracale Delgado e Iván Aparicio Meiggs de Compañía Tip Top S. A.

Ventana lateral del clásico Tip Top de Lince en 1982.

Qué inolvidables aventuras las que uno vivía en los alrededores del parque Mariscal Castilla, imperturbable pulmón del distrito de Lince. Bastaba con cruzarlo en bicicleta para dejar volar la imaginación de niño intrépido y convertirte, a veces, en campeón de *motocross*, saltando charcos y montículos casi imposibles; y otras en explorador de una jungla llena de peligros en donde esquivabas lagartos y víboras con tal de llegar a la ciudadela encantada, al final del parque, cruzando la avenida César Vallejo.

Una ciudadela llamada Lince, donde absolutamente todo era magia infinita, en especial para un niño acostumbrado a la vida apacible y almidonada de un San Isidro en el que sus parques tenían zanjas para evitar que los niños se atrevieran a jugar.

Y aquí estoy de nuevo, 40 años después, en medio del parque Mariscal Castilla con la sensación de que el tiempo se detuvo para siempre. Aquí están los mismos sonidos, los mismos olores, los mismos charcos y montículos. El perro que amenaza con morder. El loquito calato igualito al que había antes. El niño que se nos cruza en bicicleta, yendo apurado, camino hacia el edén.

Atravieso la avenida rumbo a la calle Pumacahua en busca del cine Ambassador y sus matinés con chocolates sublimes y trigo atómico, y el *pinball* de al frente en un segundo piso donde todo podía ocurrir. Camino unos pasos y encuentro imperturbable el restaurante Blue Moon, con sus helados italianos y su colección de cien mil botellas de vinos y licores de todo el mundo. Y, al frente, el mercado de Julio C. Tello, el de las manzanas delicia; el de las caseras que ofrecían cojinovas fresquitas para el cebiche que se empezaba en la mañana y se comía en la tarde; el del señor con su camioneta Volkswagen y su reino de galletas vendidas a granel; el de las mercerías donde mi abuela Genoveva compraba hilos, lanas y botones para tejer y tejer cuando todavía uno se daba el buen gusto de vivir pausadamente.

Y ahí está el edificio del cine Country y el recuerdo de la sanguchería de un señor yugoslavo que echó fama y fortuna gracias a sus sanguchones de jamón. Y al fondo, imperturbable, el Tip Top, con su helado zambito, su tiptorela, sus salchipapas y su sánguche de lomito con queso y tocino. Y el chifa El Dorado, al que imagino revivido en un majestuoso gran chifa danzante con orquesta para bailar y celebrar la vida hasta el amanecer. Está también la Pastelería Belgravia, que sigue allí con su baguete dulce, sus empanadas de pollo, su horno Pavailler. Y recuerdo con nostalgia Aurelia, donde mi padre compraba deliciosos tamales al estilo de Supe y chicharrones cocinados en una paila de fierro que disfrutábamos en familia en el desayuno dominguero.

Es hora de regresar. Caminando por la avenida Dos de Mayo rumbo a la calle Los Laureles, bordeando aquel San Isidro en el que nací, con la certeza de que fue en Lince donde aprendí la sazón del buen vivir.

Qué tal si nos animamos a hacer unos tamales domingueros en casa.

RECETA: TAMALES DOMINGUEROS

Lo primero es remojar toda la noche ½ kilo de maíz blanco pelado. Al día siguiente se escurre bien y se muele. Aparte, cocinamos en poca agua un trozo de unos 300 gramos de panceta de cerdo y reservamos el caldo resultante. Aparte, preparamos un aderezo con manteca, ajo molido, cebolla picada finita y ají panca licuado. Luego, se le añade el caldo concentrado de cerdo y se deja cocer hasta que espese un poco. Una vez frío, se mezcla con la masa de maíz y se prueba de sal. Aparte, para el relleno, se hace otro aderezo rápido con ajo molido, cebolla picada y ají panca licuado, sal, pimienta, comino y se agrega la panceta cortada en trozos pequeños, cocinando unos minutos. Se coloca un poco de masa de tamal sobre la hoja de plátano, dejándole al medio un hoyo para meter el relleno de cerdo, encima 1 tira de ají amarillo soasado, 1 aceituna y 1 maní tostado. Se envuelve cubriendo con la masa y se cierra la hoja de plátano, amarrando y dándole forma rectangular. Se colocan los tamales en una olla, se echa por el costado agua fría en poca cantidad, se tapa y se cocinan por 1 hora. Se sirven con salsa criolla. Provecho.

La carretilla del amor

Mi carrera como comensal de carretillas empezó alrededor de los 11 años. Recuerdo que, en aquellos tiempos, al menos en mi pequeño mundo, las carretillas no gozaban del respeto y cariño general que hoy ostentan.

Por ello, mis incursiones a las carretillas eran más bien clandestinas. Ni mi abuela, ni mi madre, ni mis hermanas, ni mis primas, nadie debía enterarse de que en vez de estar jugando al tenis en el Real Club, como pensaban, en realidad estaba sentado en mi banco de la esquina de Mendiburu comiendo un delicioso cebiche de conchas negras.

Recuerdo aquel escenario y sobre todo viene a mí la imagen de un cebichero que, con sumo cuidado y excelencia, preparaba cada cebiche uno por uno, a la medida del comensal. Era mi ídolo. Lo primero que hacía era preguntarte cuántas conchas querías. De dos soles, de cinco, de diez. Las abría, aún vivas, las colocaba en un pequeño bol de vidrio inmaculado, luego les exprimía uno por uno cuatro limones. Después te miraba a los ojos y te preguntaba «¿picante?». Finalmente echaba sal, pimienta, ají, cebolla picada chiquita, culantro picado chiquito, volvía a probar y listo. Canchita, choclito y a comer. Todo un *show cooking* de lujo en medio de la calle.

No olvido el primer bocado. Diferente, envolvente, como un beso de sirena. Fue mucho después que conocí de sus poderes afrodisíacos, capaces de despertar pensamientos inconfesables y calenturas inesperadas, de resucitar las causas más perdidas o reavivar el amor más apagado.

Como le ocurrió a aquella amiga, cuyo nombre jamás revelaré, que un día me llamó desesperada y nerviosa, pidiéndome auxilio. Me confesaba que acababa de probar una concha negra por primera vez y que jamás imaginó lo que le ocurriría. Que cómo iba sospechar que un marisco inofensivo causaría ese torbellino de emociones que invadió su cuerpo y sobre todo su mente. Que todo lo que había oído acerca de su poder amatorio era nada comparado a los pensamientos incontrolables que venían a su mente y que se sentía atrapada entre el deseo de comer un balde de conchas negras y la voluntad de no volver a probarlas nunca más. «¿Siempre es así? ¿Las conchas negras siempre son así? ¿O soy yo?», recuerdo que me preguntó angustiada. Consciente de que en ese mundo fascinante de la cocina afrodisíaca hay mucho más de disposición que de ciencia, recuerdo que preferí guardar silencio.

El asunto es que una mañana de aquellas en que me escapaba en silencio en busca de mi cebiche de conchas negras, al llegar me di con la ingrata sorpresa de ver la esquina vacía. El cebichero, mi ídolo, ya no estaba. Recuerdo que pregunté en la bodega vecina y me dijeron escuetamente que los municipales se habían llevado su carreta, que lo habían desalojado.

Encogido, sin saber qué hacer ni qué decir, sin poder reclamar ni pedir ayuda a nadie, retorné a casa en silencio, incapaz de entender por qué una carretilla que lo hacía todo bien y que hacía tanto bien, para otros representaba el mal. Aún no había llegado el reconocimiento al cocinero de la calle como un honorable representante de nuestra tradición popular. Eran otros tiempos.

RECETAS AFRODISÍACAS

UN CEBICHITO DE CONCHAS NEGRAS

Cogemos 12 conchas negras vivas y las abrimos, recuperando todo su jugo en un bol. Le echamos sal, pimienta, cebolla roja picada finita, culantro picado finito, ají limo picado finito y, por último, 5 limones que vamos exprimiendo uno por uno. Probamos nuevamente la sal, le añadimos más ají al gusto y finalmente echamos canchita y choclo. Si les gusta el ajo, pueden agregarle una pizca, pero cuidado, que esté recién molido y sin pasarse. Lo comemos con cuchara y lo acompañamos con una cerveza helada. Luego respiren hondo y déjense llevar.

CEBICHE DE ERIZOS

Cuidado, estos erizos son aún más peligrosos que las conchas negras. Consigan erizos muy frescos y reemplacen en la receta anterior las conchas negras por 10 lenguas de erizos. Luego, sigan la misma receta y, sobre todo, sus advertencias.

TALLARINES CON CONCHAS NEGRAS Y ERIZOS

Si con esto no funciona, lo mejor será una visita al astrólogo. En una sartén echamos una cebolla, un ají y un tomate, ambos cortados en tiras finas con un chorrito de aceite y una cucharadita de ajo molido, todo a fuego fuerte. Añadimos un chorrito de vinagre, otro de sillao, cebolla china y culantro picados, sal, pimienta, comino y, al final, ½ docena de conchas negras con su jugo. Salteamos y agregamos tallarines cocidos al dente, mezclamos con una cucharada de mantequilla 6 lenguas de erizo y servimos.

Una anticuchada bailable

Llegaba el viernes y mis hermanas adolescentes se alistaban coquetas para el acontecimiento de la semana: la anticuchada bailable del Real Club.

Eran mediados de los años 70. Lima andaba convulsionada entre dictaduras que de la izquierda se pasaban a la derecha, intervenciones de diarios y revistas, toques de queda y protestas populares reclamando el retorno a la democracia.

Nada de ello era obstáculo para que, cada viernes, la orquesta de música bailable se instalara en el estrado que montaba el Real Club en sus jardines, ni para que las parrillas encendieran sus carbones, llenando de aromas ahumados el distinguido barrio san isidrino.

Mi padre, preocupado por el alboroto con el que sus cuatro hijas celebraban la llegada del viernes, un día decidió que debía enviar a alguien que las vigilase y sobre todo que las mantuviera a salvo de esos jovencitos dispuestos a robarles el primer beso cueste lo que cueste. El elegido fui yo. Vestido aún por mi madre, con mis 8 años a cuestas, de pronto se me había asignado una de mis más difíciles tareas, la de cuidar de la reputación de mis hermanas. Tarea que, debo confesar, cumplí de forma desastrosa. Y es que mi padre no supo tener en cuenta un detalle: los anticuchos. Sí, el olorcito a anticucho, el ajicito, la papita y el choclito se confabularon para que mi misión resultara un fracaso.

Rápidamente, mis hermanas y sobre todo sus pretendientes se dieron cuenta de que ese era el camino para evitar que me interponga en sus intenciones. Y así, cada vez que sonaba una canción que se bailaba pegado y yo me disponía a interponerme en el medio entre mi hermana y el buenmozo, ellas sacaban un anticucho jugosito, humeante, me lo ponían en la boca y listo. Así de simple lograban sacarme de en medio.

Al final, el pacto fue evidente, silencioso y tácito. Para mis padres, cada viernes, ellos me alistaban para cuidar a mis hermanas de las garras del deseo. Para mis hermanas, en cambio, yo era el pasaporte hacia su libertad.

Cuando fui descubierto, lo único que pude decir en mi defensa fue: «Papá, no fui yo, fue el anticucho».

RECETA: ANTICUCHOS DE CORAZÓN

Echamos en un bol 4 tazas de ají panca licuado y lo mezclamos con 1 taza de ajo molido, 1 taza de vinagre tinto, una pizca de orégano molido, sal, pimienta y comino en polvo.

Compren un corazón de vaca y pidan al carnicero que lo deje limpio de grasa y nervios. Luego lo cortan en filetitos gruesos y los dejan macerando por 2 horas como mínimo. Los insertan en palitos y los cocinan en una parrilla, bañándolos con su macerado durante la cocción. Los acompañan con papas doradas, choclo cocido y las salsas de su preferencia, un rocoto molido, un ají de huacatay, una ocopa y hasta una huancaína.

LA VARIANTE

DE POLLITO

Pueden hacer lo mismo con hígados de pollo, corazones de pollo o filetes de pierna de pollo cortados en dados. Salen deliciosos.

Aventuras en La Pérgola

—Señor Mezarina, ¿qué cosa es esto raro en el arroz?

—Son almejas que cortamos a lo largo. ¿Te gustan?

—¿Y esto que parece una cuerda?

—Son las tiras que envuelven a las conchitas. Qué curioso eres, oye, gordito.

—Es que su arroz con mariscos me gusta mucho. En mi casa a veces lo hacen y nunca sale igual.

—¡Ah! Ya sé por qué. Es porque en casa no tienen el secreto. ¿Quieres saber el secreto? A ver, muchachos, dejen que el niño pase a la cocina.

Así eran mis días a finales de los años 70. Llegaba el fin de semana y con mis 10 años a cuestas iba caminando todas las mañanas desde la calle Los Laureles hasta el Real Club de Lima. Cruzaba el parque Nicaragua, donde los niños tenían prohibido jugar, llegaba a la Embajada de la República Popular China, que cruzaba rápido por el temor a que me metieran dentro, y, finalmente, con mis dos raquetas Head a la espalda, llegaba a un club al que supuestamente iba a perfeccionar mi saque, solo que, en realidad, mi motivación no estaba en la cancha, sino en La Pérgola, el restaurante del segundo piso regentado por dos hermanos enormes, llamados Mezarina.

Una gran cocina dominaba al centro todo el espacio. Y, al medio, una enorme plancha Hartmann por la cual parecía que pasaban todos los platos, incluyendo el arroz con mariscos.

—Mira, en las casas hacen el arroz con mariscos como hacen el arroz con pollo. Es decir, preparan un aderezo, echan agua y luego el arroz crudo. Como la olla es alta, al final el arroz debajo queda muy cocido y con sabor y el de arriba a punto, pero sin sabor. Cuando los mezclan, el resultado no es que sea malo, solo que es distinto al que comes en un restaurante, porque aquí lo hacemos con el arroz cocido y coge otro sabor. ¿Me entendiste?

—No entendí nada, pero igual el suyo está más rico que el de mi casa —le respondí confundido—. ¿Cómo se hace?

—Lo primero es echar el aderezo en la plancha.

—¿Qué es ese aderezo?

—Ya, no seas sapo, gordito. Lo segundo es echar el arroz para que chupe el aderezo y coja el saborcito.

—No tengo plancha en mi casa.

—Te fregaste, entonces. Tendrás que venir a La Pérgola por el resto de tu vida. Luego, le echas los mariscos picados y lo salteas todo bien.

—Asu, ya, huele rico.

—Finalmente, su toque de ají picado, su culantro picado, una movidita y listo.

—¿Pero no le va a clavar la conchita y el limoncito que vienen en el plato? —reclamé.

—Ah, ¿qué quieres?, ¿comerte un plato como el que comes en el comedor? Yo pensé que querías aprender la receta. Lo sabía, lo que querías es tu arroz con mariscos, gordito tragón. ¡A ver, muchachos! Sírvanle este arrocito al niño, cortesía de la casa; después de todo, ¡ya se ha comido como quinientos!

Pasó el tiempo y muchos y deliciosos arroces con mariscos a la limeña se cruzaron en mi camino. El de Don Beta, con su punto de parmesano; el de La Rosa Náutica, jugosito y ligeramente graso. El de Alfresco, en su punto. El de la Playa Señoritas, en punto seco, pero siempre sabroso. Todos con ese toque a saltadito que en mi casa estuvo ausente. Quizás porque no había plancha, quizás porque echaban el arroz crudo, o quizás porque como aquellos que suelen querer siempre lo que no tienen, me empecinaba en exigir un sabor ajeno y lejano, sin saber que, al final, nada más rico que el dulce sabor del hogar.

RECETA: ARROZ CON MARISCOS

En una sartén hacemos un aderezo con un chorro de aceite, 1 cucharada de ajo molido, ½ taza de cebolla picada, ½ taza de ají amarillo licuado, ½ taza de ají panca licuado. Añadimos sal, pimienta, comino y orégano al gusto. Echamos un chorro de cerveza o de vino blanco, ½ taza de arvejas, 1 pimiento cortado en tiras, 1 ají amarillo cortado en tiras y ½ taza de culantro picado. Agregamos 2 tazas de sus mariscos favoritos, conchas, calamares picados, pulpo cocido, langostinos pelados, almejas limpias y picadas. Sus favoritos. Dejamos cocer unos 2 minutos y añadimos 4 tazas de arroz blanco cocido. Subimos el fuego al máximo y mezclamos el arroz rápidamente hasta que chupe todo el aderezo. Echamos al final una gotita de limón, un puñado de parmesano rallado, mezclamos bien todo y listo.

El tiempo pasa

No sé qué ocurre últimamente con mis pensamientos que, de pronto, vuelan hacia mi infancia para intentar recordar cada momento vivido.

¿Será la edad? ¿Será que, pasados los 50, a todos nos sucede lo mismo? Quién sabe... quizá es un intento de encontrar las deudas de nuestra efímera existencia.

Cuántos momentos vienen a mi memoria.

Mi primer día en el nido La Espiguita, aterrado ante la posibilidad de que nunca más vería a mi familia porque había sido regalado. La vez que me entró la pataleta de no querer ir a mi actuación de marinera y que mi madre resolvió amenazándome con entregarme al señor de la carretilla de cachivaches que pasaba justo en el instante en que, tirado en el piso, me resistía a subir al auto. Las mañanas de verano en que, con mis 8 años a cuestas, instalaba en la puerta de mi casa, mi mesa, mis baldes, mi sencillo y mi sillita al lado del cartel que decía «Chicha Heladita Natural», que vendía a 50 centavos, siempre bajo la atenta vigilancia de la abuela Genoveva. El olor a *baguette* de la panadería Rovegno en Dos de Mayo, cuyo tesoro más anhelado era la hermosa hija mayor de don Rovegno, la que nunca se dignó a mirarnos siquiera, quizás porque disfrutaba al observar desde lejos cómo todos los niños del barrio moríamos por ella. El lechero y sus golpes a la botella de vidrio, anunciando la leche fresca ordeñada cada mañana en los establos de Maranga, cuando la leche era leche de verdad con nata incluida. El pescadero que venía cantando «pescado, casera, pescado» y cargando una cesta cubierta de papel periódico que escondía casi siempre hermosas cojinovas, que en mi casa freían suavemente y acompañaban con un arroz blanco en punto de ajo recién hecho, una ensalada de pepinos y tomates, y un frijol al que llamaban panamito. Las tardes del Real Club, donde descubrimos el primer beso, los primeros corazones rotos de amor, consolados entre los inolvidables arroces con mariscos y supremas Maryland de La Pérgola. Las noches de angustia mirando por la ventana que daba al viejo pino, hogar de lechuzas y cuculíes, que solo encontraban paz cuando las luces del auto alumbrando el garaje anunciaban la llegada de mi padre, sano y salvo de los ataques de Sendero.

¿Será que, ante el paso inexorable de los tiempos, el gran César Miró tenía razón? ¿Será que todos vuelven al rincón donde nacieron, al embrujo incomparable de su sol? ¿Será la cocina aquel árbol solitario del silencio, donde todos nos ponemos a soñar? ¿O será que hoy cumplo 52 años y todo sabe a melancolía?

Gracias a todos por sus cariñosos saludos, por sus generosas palabras, por su permanente compañía. Para ustedes, hoy celebramos con uno de mis platos favoritos de la cocina peruana, los suculentos y festivos camarones a la piedra.

RECETA: CAMARONES A LA PIEDRA

Hacemos un aderezo con 2 cucharadas de ajo molido, 1 taza de cebolla picada finamente, 1 taza de ají amarillo licuado y 2 cucharadas de ají mirasol licuado. Sazonamos con sal, pimienta, comino. Añadimos culantro picado y cebolla china picada. Sumamos un chorrito de jugo de naranja agria o, en su defecto, de mandarinas, un buen chorro de jugo de limón y, finalmente, agregamos unos camarones grandes enteros con la cola pelada, ají limo picado, dejamos cocer hasta que los camarones cambien de color, solo unos minutitos a fuego fuerte. Probamos de sal y listo. Acompañamos con yucas cocidas.

Mi primer negocio

Hubo un tiempo en que fui vendedor de chicha morada.

—Muy bien, hijito —me decía mi abuela, al verme prepararla—. ¿Sabías que combate el cáncer de colon, protege arterias, fortalece el sistema inmunológico, disminuye el colesterol y baja la presión arterial elevada? —recuerdo que me decía, poniendo cara de doctora, aunque yo, como buen emprendedor que buscaba salir adelante, seguía concentrado en lo mío.

Como en todo, los comienzos no fueron nada fáciles. Había que ganarse la confianza de los potenciales clientes de la zona, habituados a sus caseros de siempre. Había que encontrar una receta especial que destacara entre la amplia oferta chichera. Había que trabajar el doble para poder llegar al precio irresistible. Y había que montar el puesto de venta inmaculado de manera que transmitiera confianza.

Recuerdo que me levantaba muy temprano para hervir el maíz morado en agua con cáscara de piña, membrillos, ramas de canela, algunos clavitos y luego dejaba reposar todo hasta que enfriara lentamente. Ese era el secretito. Luego, colaba todo, le ponía el punto dulce y a la congeladora. Cuando estaba casi congelada, la retiraba y listo. Dejaba que se fuese derritiendo solita para que la promesa del cartel y del pregón que usaba para venderla se cumpliera: «¡A ver, a ver, caseritos! ¡Lleve la rica chicha heladita, sin colorantes, ni engaños! ¡Puro maíz morado, caserita! ¡Lleve, lleve, la rica chicha heladita!». Y, de pronto, las ventas se dispararon.

El policía que patrullaba la calle a pie, su vaso de chicha. La señora que sacaba a pasear el perrito, su chicha. El guardián de la construcción de al frente, su chicha. El caballero que regresaba a casa con su periódico del día, su chicha. Hasta las hermanitas adolescentes y sus novios malcriados caminando dizque a misa, su chicha. Todos compraban mi rica chicha morada. Solo que había un detalle que nunca logré entender. Todos, sin excepción, se reían de lo lindo al partir. ¿Qué será?, me preguntaba. ¿Será lo barato que era el vaso? ¿Será el tamaño enano de mi mesa y del banquito para atender? ¿Será que uno no puede vender chicha en la puerta de su casa? Nunca lo entendí. Con mis 7 añitos recién cumplidos y mis cachetes y mi *short* con tirantes tiroleses, yo allí, solito (bueno, con mi abuelita medio escondida vigilando desde la puerta), vendiendo mi chicha heladita cada día, agarrándome los ingredientes sin permiso, corriendo a guardar todo al final del día para que mi padre al volver no se diera cuenta. Nunca entendí por qué se reían del niño emprendedor. Nunca.

RECETAS

CHICHA MORADA

En una olla grande, añadan 1 kilo de maíz morado, cáscaras de 2 manzanas, cáscaras de 1 piña, 1 rama grande de canela, 2 clavos de olor y 3 litros de agua. Que hierva 1 hora. Dejamos reposar y colamos. Añadimos un poquito más de agua, volvemos a hervir una media horita más para concentrar sabor y listo. Agregamos azúcar al gusto, limón y servimos helada o con hielo, como prefieran.

MAZAMORRA MORADA

Remojamos durante la noche anterior en agua tibia, ½ taza de guindones, ½ de guindas, ½ de orejones, ½ de huesillo. Hervimos 2 kilos de maíz morado en 3 litros de agua junto con 1 rama de canela y 6 clavos de olor. Dejamos cocer largo rato, hasta que el agua esté super morada. Reservamos un poco de la chicha y el resto lo seguimos hirviendo para añadirle los frutos secos remojados. Luego, echamos 1 ½ taza de azúcar para luego sumarle un buen puñado de harina de camote o chuño diluida en la chicha que reservamos. Vamos moviendo suavemente mientras dejamos espesar, unas gotas de limón y listo. La servimos en dulceras. La podemos combinar con un rico arroz con leche.

El niño llorón y el Chullachaqui

—Llegó la hora, hijito, me acaban de decir que el auditorio de la Virgen del Pilar está lleno, así que tenemos que volar, apúrate. Ponte tu poncho, tu pañuelo, tu sombrero y nos vamos —dijo mi madre emocionada porque el gran día había llegado.

—Mamá, no voy a ir, no quiero ir, me da vergüenza. No quiero —recuerdo que le respondí al borde del llanto, a mis escasos 6 años.

—¿Qué cosa? —gritó mi madre—. Pero si te has pasado todo el

año practicando los pasos de esa linda marinera, tu parejita hermosa te está esperando, te hemos mandado a hacer tu traje blanco que te queda lindo y además tu abuelita, tus hermanas, tus tías, todos están allí esperando para verte. Así que de ningún modo. Vas a ir de todas maneras —sentenció.

Consciente de mis escasas posibilidades de éxito, recuerdo que ya en la puerta, a punto de subir al auto, no tuve más remedio que hacer uso del último recurso posible, tirarme al piso e iniciar una pataleta que llamara la atención del vecindario.

—¡No quierooo! ¡Auxiliooo, socorrooo, no quierooo ir! ¡Ayúdenmeee! —gritaba, mientras me resistía a los intentos de mi madre de meterme al auto a la fuerza.

—Vas a ir, he dicho —insistía mi pobre madre ya desesperada y a punto de perder la cordura tan propia de ella.

—¡Nooo, por favor, te lo ruego, nooo, no quierooo, no sé bailar, no sé bailaaarrr! —gritaba y gritaba.

Sin embargo, cuando parecía que la batalla se inclinaba a mi favor, una voz a lo lejos acabó la discusión de un porrazo.

—¡Boteeeeellaaas, catre, revistas, boteeeeellaaas! —gritaba un señor que avanzaba lentamente en su carretilla tal como lo hacía cada mañana, buscando comprar a precio de ganga aquello que las casas san isidrinas desechaban.

Solo recuerdo que, de pronto, mi madre, en un inesperado gesto de audacia, esperó a que el señor de las botellas llegase hasta nuestra puerta, me miró, lo miró y le dijo, guiñándole el ojo:

—Señor, ¿se podrá llevar a este niño malcriado?

Y él, que había visto la escena a lo lejos y había entendido toda la trama, respondió magistralmente.

—Claro que sí, señora. A los niños malcriados me los llevo al castillo encantado.

—¿Y cuál es el castillo encantado? —dijo mi madre en voz alta, observando que mi llanto se había convertido en un aterrador silencio.

—¿No conoce el castillo encantado, señora? ¿El del ogro gruñón, el duende huraño? ¡Ah! ¿Y, sobre todo, el del Chullachaqui?

—¿Chullachaqui? —dijo mi madre sorprendida y aguantando la risa.

—¿No conoce al Chullachaqui? ¿El diablillo de la selva? Uy, señora, ese diablillo se pone de muy mal humor cuando los niños se ponen malcriados.

—¿Ya ves, hijito, lo que les pasa a los niños malcriados cuando se portan mal? —dijo mi madre, sin darse cuenta de que para ese entonces yo ya estaba en el auto, con una sonrisa de oreja a oreja, con mi poncho, mi pañuelo, mi sombrero, mi sonrisa fingida y diciéndole:

—Mami, apúrate, que llegamos tarde a la actuación.

Y gracias al diablillo y al botillero, bailé. Bailé horrible, lleno de vergüenza, sufriendo cada vez que mi parejita se pegaba a mi cuello imaginándose en el festival de Trujillo, pero bailé.

Hoy, a propósito del diablillo que me hizo bailar, un plato que me han pedido durante mucho tiempo: las papas a la diabla.

RECETA: PAPAS A LA DIABLA

Cocemos unas papas blancas grandes que luego pelamos y cortamos en rodajas. En una olla, añadimos cebolla picada, ajo molido, ají amarillo licuado, sal, pimienta, comino, palillo y hacemos un aderezo. Agregamos una buena cantidad de leche evaporada, dejamos cocer y echamos unos huevos batidos, poco a poco, en hilo y a fuego muy suave, para evitar que se hagan huevos revueltos. Cuando espese, echamos más leche evaporada y una porción generosa de queso fresco rallado. Dejamos mezclar sabores unos segundos y reservamos un poco de la preparación aparte. Sumamos las papas a la olla, mezclamos, servimos en un plato, echando por encima el resto de la preparación. Acompañamos con arroz y, si es celebración, con un bistec.

Mis cines queridos

Foto: Arkiv Perú.

El cine San Felipe se hallaba casi escondido entre las típicas casas de Jesús María, quizás para que nadie descubriera la inmensidad de sus casi dos mil butacas. Lo recuerdo porque fue allí, en una matinal de sublimes y cocorocos, viendo cómo la mamá de Bambi era vilmente asesinada por despiadados cazadores, cuando descubrí que al cine no solo se iba a reír, sino también a llorar. Algo que confirmaría poco tiempo después, cuando me llevaron a uno de esos cines donde solo proyectaban películas hindúes: el City Hall y el Metropolitan. Allí vi *Joker*, que además de larguísima resultó ser tristísima.

Lágrimas que en el cine Alhambra, entre el trigo atómico en bolsa y canchita dulce, se convirtieron en sudores, cuando, en la película *Grease*, Sandy aparece con su pantalón negro de cuero retando al incorregible Danny, haciéndonos descubrir precozmente que la vida también es pasión.

Pasión que nos llevó al cine Orrantia a intentar sorprender al boletero en nuestro afán de ingresar con 13 años a ver a Brooke Shields en *Niña Bonita*, apta para mayores de 14, o al cine Western en busca de Sylvia Kristel en una película llamada *Emmanuelle*, apta para mayores de 21, pero que nunca logramos sortear.

Luego vendría la cocina como fuente inspiradora para acudir al cine, no tanto por la trama de las películas sino por toda la comida deliciosa que uno podía encontrar alrededor de las salas. El cine Country, donde vi *Tiburón*, y al lado la sanguchería del yugoslavo con las mejores butifarras del mundo. El cine Roma, donde vimos *Terremoto* con *sensurround*, y luego nos íbamos al Tambo y su hamburguesa con *pickles*. El cine Ambassador y *La Guerra de las Galaxias*, con su vecino el Blue Moon y los helados de pistacho traídos desde Italia. El cine Alcázar y *El hombre elefante*, con la promesa de ir después al frente, al Bar B. Q., en busca de su famoso helado de máquina. El cine El Pacífico y *Gandhi*, con la ilusión de comer en el chifa del segundo piso.

Lágrimas, pasión y apetitos de aquellos tiempos en que, para ir al cine, a uno lo alistaban con especial cuidado. Te bañaban, te talqueaban, te echaban colonia Johnson's, te vestían como para la comunión y te peinaban con raya al costado. Tiempos de matiné, vermú y noche, en que intrépidos motociclistas tenían que llevar volando las cintas entre cine y cine, y hasta los *tickets* tenían personalidad y garbo, y las golosinas y cositas de comer solo se encontraban en la puerta. Ir al cine era un acontecimiento majestuoso e inolvidable. Tiempos que no volverán.

Hoy hacemos una receta sencilla, pero no por ello menos deliciosa. Un tentempié, un piqueíto de esos que podemos comer mientras vemos una película. Una receta que, si bien es amada en toda nuestra

Amazonía, es también compartida con muchos otros países no solo amazónicos sino centroamericanos y caribeños: los patacones.

RECETA: PATACONES

Cogemos unos plátanos verdes que pelamos y cortamos en trozos grandes. Los freímos en manteca de cerdo, si es que consiguen, y si no, en aceite. Luego chancan cada trozo, dándoles forma de disco u oval, y los vuelven a freír hasta dejarlos crocantes por fuera y suaves por dentro. Los acompañan con un ají de cocona hecho con cocona picada, ají charapa picado, cebolla picada, sacha culantro picado, sal, pimienta y limón. También pueden acompañarlos con otras salsas y cremas de ají.

LA VARIANTES

PATACONES ENCEBICHADOS

Seguimos la receta anterior, solo que preparamos aparte un cebichito veloz con pescadito fresco, limón, cebolla picada, ají limo y bastante sal. Montamos los patacones con el cebichito.

PATACONES CON QUESO

Seguimos la receta de patacones, pero echamos encima una porción generosa de su queso favorito y unos dados de tocino picaditos y doraditos. Los metemos al horno a que se derritan y los acompañamos con un dip de palta machacada con un poquito de cebolla, culantro, limón y aceite de oliva.

Hermosa Arequipa

Te conocí allá por los años 70 del siglo pasado, cuando mi padre me llevó por primera vez a una picantería arequipeña ubicada en una calle limeña, cerca de la avenida Prolongación Iquitos. Recuerdo que fue amor a primera vista.

Al entrar, lo primero que uno encontraba era la cocina con enormes ollas donde se guisaban caldos, chaques y chupes de aromas inolvidables. Y al sentarnos, iban llegando platos que probaba por primera vez con curiosidad y goce. Sarza de machas, cuando aún había machas, ocopa con queso frito, ubre dorada, cauche de queso, chupe de camarones, rocoto relleno. Qué recuerdos tan hermosos.

Mi segundo encuentro fue cuando viajamos en familia a visitarte y descubrir no solo el sabor original de tu hermosa cocina, sino también el encanto de tu campiña, de tus barrios tradicionales, como Yanahuara, Cayma, Sachaca, Tiabaya; y, sobre todo, de tu gente que orgullosa de su tierra celebraba sus tradiciones en picanterías lideradas por nobles damas picanteras que cocinaban en batanes, pailas, hornos y cocinas de leña, dándole a todo un sabor insuperable.

Pasan los años y he podido recorrer tus mares, ríos y valles, descubriendo todos los tesoros de tu biodiversidad infinita. Tus erizos de Atico, tus camarones de Ocoña, tus ajos y cebollas de la campiña, tu pisco de Majes y tantos tesoros más que dan vida a una de las cocinas más variadas y profundas de todo el Perú.

Y, por supuesto, allí probé platos que jamás había probado antes. Los celadores o el sivinche de camarones, el arroz de rabos, el almendrado de pato, la timpusca de peras, el escribano de camarones, las torrejas de verduras, el locro de pecho, el ají de calabaza, la sarza de sencca. Y muchos platos más cocinados a diario en aquel escenario glorioso de siempre, la picantería, solo que esta vez liderado por las hijas de sus fundadoras que, unidas en la Sociedad Picantera de Arequipa, salvaguardan día a día y con orgullo el patrimonio culinario arequipeño.

Querida Arequipa, gracias por haber llenado nuestra vida de hermosos y sabrosos momentos, y especialmente, de grandes personas que son digno ejemplo de amor por lo nuestro

Para celebrarte, comparto la receta de ocopa de mi gran amiga Mónica Huerta, picantera de La Nueva Palomino. Pero antes, unas breves palabras de lo que ella siente al saborear este plato ícono de la cocina arequipeña: «Amo este plato porque me acerca mucho al amor de mi mamá. Ella, si bien no era muy expresiva, siempre mostraba su amor a través de su comida. Recuerdo que me la enviaba al colegio como refrigerio. ¿Te imaginas? Todos se quedaban mirando como si fuera algo raro. Mis amigas llevaban sánguches, entre otras cosas, y les parecía muy extraño que yo llevara ocopa y, para acrecentar su sorpresa, me la enviaba en un pocillito de fierro enlozado, envuelto en mantelito blanco. Ay... ¡Cómo me hablaba ese plato de ocopa del amor de mi mamá! Amo este plato».

Sin más, su receta de ocopa, y ¡que viva Arequipa!

La Lucila, picantera legendaria que vive en el corazón de Arequipa.

RECETA: OCOPA

Lo primero es hervir 10 ajíes mirasol bien secos en agua que cambiaremos 2 veces. Luego, los pasamos por agua fría, les quitamos la piel y nos quedamos con la pulpa. Aparte, doramos 6 dientes de ajo, los retiramos y en el mismo aceite doramos ½ cebolla roja cortada en tiras, retiramos y guardamos el aceite que tendrá mucho sabor. Ahora sí, en un batán o mortero echamos 4 ramas de huacatay (solo las hojas), molemos. Luego, agregamos la pulpa del ají, sal, ajos dorados y la cebolla dorada. Todo lo molemos bien y enseguida sumamos un puñadito de galletas de animalitos, otro puñadito de maní y más dientes de ajo que habremos asado al horno hasta que, al apretarlos, se hagan puré. Seguimos moliendo hasta obtener una crema, echando constantemente una pizca de agua y probando la sal. Finalmente, agregamos el aceite reservado, probamos la sazón y listo. Ahora bien, si no tienen batán o no tienen tiempo ni fuerza para hacerlo en batán, la licuadora será la opción rápida. No saldrá igual, pero al menos podrá acercarse en algo a ella. Por último, colocamos en un plato una hoja de lechuga, papas cocidas, bañamos con abundante ocopa, servimos con huevo duro, queso frito, aceituna, rodajas de tomate y listo.

P. D. En Lima, hacemos una crema llamada ocopa a la que, inspirada en esta, le echamos leche, queso y mucho más huacatay que la original. Por ello, coge un punto cremoso y un color verde. Es muy rica, pero no es la ocopa arequipeña original. La receta original es esta. Así que no se aflijan, su versión limeña es deliciosa, solo que es hija de esta.

El sabor de las avenidas

Siempre he tenido una especial fascinación por las viejas avenidas. Quizás porque al cruzarlas y ver sus casas, postes y árboles resistiéndose a morir, saboreo la dulce nostalgia por aquellos tiempos vividos que nunca más volverán.

La avenida Arequipa, con sus viejas mansiones de muros y puertas impenetrables. La avenida Javier Prado y sus cines Orrantia o San Isidro, convertidos hoy en templos religiosos. La avenida Brasil, donde habitaba el gran chifa Kuo Man o la parrillada La Querencia, donde probé por primera vez los chinchulines y los riñoncitos al estilo argentino. O la favorita de todas las avenidas de mi infancia, la Diagonal: la del chifa El Pacífico, que manchaba nuestras camisas de tamarindo; la del Roxi y su dueño italiano con pinta de galán, flameando los saltimbocas con *fetuccini* frente a la mesa. La de la pizzería Diagonal, a la que cada tarde acudía un señor misterioso de barba larga que le hablaba solo a la mujer amada que un día perdió la vida en sus brazos, atropellada frente a él.

La activa y alborotada avenida Diagonal, la del Parque Kennedy, en el que jurábamos venganza cada vez que nuestro glorioso equipo del SM perdía una final de baloncesto en el Coliseo Champagnat. La del imperturbable Haití, que sigue hasta hoy robándonos una sonrisa con sus parroquianos de toda una vida mirando a la gente pasar en la terraza, con su milanesa de pollo frita en mantequilla y, sobre todo, con su entrañable sopa criolla que, a la primera cucharada, te hace sentir como si de pronto te convirtieras en un príncipe, el príncipe de la avenida.

¿Una sopita criolla para el frío invernal limeño? ¿Qué tal si hacemos una en casa?

Foto: Tanta.

RECETA: SOPA A LA CRIOLLA

En una olla echamos un chorro de aceite y sudamos 1 taza de cebolla roja picada muy finita y, luego de 2 minutos, echamos 2 cucharadas de ajo molido. Sudamos a fuego lento durante 5 minutos y añadimos 4 tomates pelados y picados muy chiquitos, 2 cucharadas de ají panca licuado, 2 cucharaditas de ají mirasol licuado, sudamos y añadimos 1 cucharada de pasta de tomate. Agregamos luego de 2 minutos una buena cucharada de orégano en polvo o seco, sal, una pizca de pimienta y otra pizca de comino. Añadimos ahora 2 tazas de bistec de res picado finito y cocinamos por 10 minutos. Llegó el momento de echarle 1 litro de buen caldo de carne y dejamos que todo hierva durante 10 minutos, para luego agregar fideos cabello de ángel y también 1 taza de leche evaporada. Damos un hervor, probamos de sal y aquí tenemos dos opciones. Una es echar 4 huevos para que se cocinen suavemente en la sopa. La otra es freírlos aparte y colocar en cada sopa una rodaja de pan frito más un huevo frito encima. Ambas opciones son deliciosas. Por último, echamos un ají amarillo tostado soasado previamente y listo.

LA VARIANTE

SU VERSIÓN HUACHANA

Se reduce la cantidad de carne a la mitad y se completa la otra mitad con salchicha de Huacho picada. Luego seguimos la misma receta que la sopa criolla clásica.

El niño tonto

1981 fue un año lleno de acontecimientos. Perú le ganaba a Uruguay de visita, asegurando prácticamente su clasificación al Mundial España 82. El ilustre peruano Javier Pérez de Cuéllar era elegido secretario general de las Naciones Unidas. En medio de disputas internas entre los líderes del gobierno, Sendero Luminoso avanzaba en sus despreciables acciones terroristas. Al norte del país, tropas invasoras eran desalojadas rápidamente del escenario denominado como Falso Paquisha. Mientras, en el mundo, Ronald Reagan y el papa Juan Pablo II sobrevivían a intentos de asesinato; España superaba un intento de golpe de Estado y Bob Marley nos dejaba tempranamente.

Hechos que para quienes cumplíamos 13 años pasaban relativamente desapercibidos dado que estábamos en medio de las turbulencias propias de la adolescencia temprana. Y es que, a esa edad, los niños que empezábamos a dejar de ser niños estábamos ocupados digiriendo nuestros cambios físicos; buscando amigos con intereses que ya no eran los de nuestros padres; pensando en cómo decirle a esa chica que nuestro corazón se aceleraba cuando la veíamos llegar; escogiendo por primera vez nuestra ropa según nuestro estilo y, sobre todo, sintiéndonos siempre incomprendidos y malentendidos por los adultos. Recuerdo claramente que mi caso no era distinto, porque en 1981 era el jovencito más confundido y tonto del universo.

Aquel año, mi vida llegaba a su máximo esplendor cada viernes cuando me alistaba para ir al centro comercial Camino Real. A la hora de vestirme, respiraba con alivio porque llevaba puesto el polo Lacoste con el cocodrilo que aseguraba que sería bien recibido por el grupo. Y ya en la pista de patinaje, seguros de nuestro atuendo, lo lucíamos al ritmo de Fleetwood Mac, dando vueltas en una ronda que aseguraba contacto visual con las jovencitas con las que soñábamos durante la semana.

Luego, íbamos al cine a ver a James Bond en *Solo para sus ojos* o al *pinball* a jugar Pac-Man o Space Invaders, pero eso sí, siempre mirando a todos lados para constatar que allí estaba esa mancha de adolescentes vestidos igualitos que nos hacía sentirnos protegidos, importantes, superiores al resto.

Cuando llegaba la hora de comer, según el presupuesto, unos iban a la pizzería que quedaba a la entrada para pedir una pizza que compartían entre ocho, y otros al restaurante texano, famoso por sus costillas, ubicado en el sótano. Yo, en cambio, tenía mi lugar secreto.

Sintiéndome lejano a aquellos gustos, mi curiosidad y apetito me habían llevado a descubrir una fuente de soda frente a la Virgen del Pilar, donde hoy se ubica Tanta, en el que vendían un delicioso, suculento y generoso pollo *broaster* que freían en esas enormes sartenes que cerraban a presión, acompañado de papas fritas cortadas a mano y de salsas mayonesas y ajíes hechos todos en casa. Solo que había un problema. El lugar no estaba decorado como los locales de Camino Real, ni era frecuentado por ningún adolescente con polo Lacoste. Era un local modesto, con precios asequibles y comida deliciosa al que acudía siempre en secreto, cruzando los dedos para que nadie me viera, ya que esto podría significar la expulsión definitiva de ese grupo al que mi mente confundida tanto apreciaba. Si me veían allí, chupándole el huesito al pollo, echándole esa salsa que nuestras mamás nos habrían prohibido comer por su dudosa preparación, rodeado de parroquianos de nombres y apellidos desconocidos, sería el fin de mis días.

Sin embargo, ocurrió algo que cambiaría para siempre el curso de los acontecimientos.

Una noche, mientras comía aquel sabroso pollo *broaster*, vi que, al fondo, un jovencito hacía lo mismo, intentando esconderse de manera que yo no pudiera verlo. Y allí estaba. El niño más elegante del barrio, cuya familia era dueña de la mitad de la Virgen del Pilar, el que parecía ser el más implacable de todos a la hora de elegir quiénes podrían dignarse a ser sus amiguitos, al que imaginaba comiendo siempre en el *grill* del Hotel Cesar's, o en el Sky Room del Crillón, o en los Condes de San Isidro o en alguno de esos restaurantes a los que mi padre nunca nos llevaba porque decía que eran demasiado caros. Allí estaba zampándose escondido sus tres presas de pollo *broaster* con su cerro de papas fritas, su ensalada de lechuga criolla y sus cremas de ají picante, con el mismo gozo y, sobre todo, con el mismo temor y absurda vergüenza con que yo lo hacía.

Al final, nos miramos, nos saludamos a la distancia con un gesto parco, cínico, cómplice, como diciéndonos mutuamente que todo quedaba allí, porque lo que ocurría en la pollería se quedaba en la pollería. Pero sobre todo con la sensación de que, al día siguiente, ambos seríamos un poco menos tontos. Porque habíamos aprendido que, al final, ni el polito ni los amiguitos eran tan importantes. Porque lo importante era ser uno mismo.

RECETAS

POLLO *BROASTER*

Alistamos 3 boles. En uno maceramos un pollo cortado en 10 presas, y le echamos sal, pimienta, comino, ají en polvo, ajo molido, pimienta de cayena si gustan, un chorro de vinagre, toque de sillao, toque de mostaza y toque de salsa de ostión. Si lo quieren picantito, pueden agregarle ají licuado de su gusto, lo importante es que le pongan su toque personal. Lo dejan ½ hora. En el segundo bol hacen un menjunje con leche evaporada, harina sin preparar, chuño, agua con gas y sal. Que quede como una crema suelta. En el tercer bol ponen mitad y mitad de harina sin preparar y chuño, sazonándolo con sal, pimienta, ají en polvo y comino. Listo. Trasladamos nuestras presas maceradas al segundo bol, las empapamos bien y las pasamos al tercer bol, pegando bien la harina. Listo, a freír a fuego medio para que se doren por fuera y queden jugosas por dentro. Se sirve con sus cremas favoritas y la guarnición que más les guste, y eso sí, en la noche, solo fruta o una sopita.

CHICHARRÓN DE POLLO

Cortamos 6 encuentros de pollo con hueso en dos o tres pedazos, dependiendo del tamaño del encuentro. Los sazonamos con sal, pimienta, una pizca de azúcar, 2 cucharadas de sillao, el jugo de 1 limón y una pizca de canela china. Mezclamos bien y lo dejamos 20 minutos en la refrigeradora. Echamos abundante aceite en una sartén y calentamos a fuego no muy fuerte. Añadimos los trozos de pollo y freímos hasta que estén doraditos. Esto debe durar entre 10 y 15 minutos. Los retiramos y los acompañamos con unas papas doradas, salsa criolla y una cremita de ají, su favorita.

El chifa salvador

De niño, alguien muy, muy cruel, cuyo nombre prefiero no recordar, me hizo creer que tenía las condiciones para convertirme en tenista profesional.

Recuerdo que, convencido, me levantaba muy temprano a entrenar por largas horas todo el repertorio clásico del manual tenístico: saque, *drive*, *back*, *drop, top*, *smash*, voleo.

El problema era que todos mis golpes eran una calamidad comparados con los que mis compañeros de entrenamiento ejecutaban con precisión, en menos tiempo y con menos esfuerzo.

Estaba claro. Había sido engañado. No había nacido para el tenis. Pero, ¿cómo salir airoso de aquel embuste? Tenía que reinventarme rápido si no quería seguir haciendo el ridículo.

Por esos misterios que la vida nos pone en el camino, jamás imaginé que un chifa sería mi salvador.

Resulta que cada tarde, señores ya entrados en canas llegaban al Real Club a jugar partidos de dobles en los que, si bien faltaba destreza, sobraba chacota. Por ello, siempre invitaban a los más jovencitos a ser sus *partners* de dobles, no por buenas gentes, sino porque querían ganar a sus rivales y, además, burlarse de su derrota. Detalle importante del cual sacaríamos amplio provecho.

Fue en una de estas tardes de dobles que el caballero más afanoso de todos invitó como *partner* al mejor de mis compañeros, el pequeño Gochi, mientras que yo jugaría al lado del señor más elegante, siempre vestido con sus conjuntos Fila hechos en Italia.

Entramos a la cancha. Gochi y yo nos miramos, luego miramos a nuestros compañeros ansiosos de triunfo y comprendimos que era nuestra oportunidad.

—¿Qué tal si apostamos algo? —dijo el pequeño osadamente a los señores.

—¿Qué tal un chifa? —dije yo, rápidamente.

Después de todo, ni Gochi ni yo teníamos nada que perder. Ganase quien ganase, uno de los señores pagaría la apuesta.

—¡Listo! —dijeron ambos al unísono. Invadidos por una irremediable sed de victoria.

—El que pierda invita al Chifa Mandarín —exclamaron, sin percatarse de que su suerte estaba echada.

Como ya nos habíamos dado cuenta, mucho antes, de que todos querían a Gochi como pareja o, lo que era peor, nadie me quería a mí como su pareja, de cuando en cuando mi amiguito empezaba a fallar y fallar sus golpes, dejándonos ganar el partido y creando la falsa ilusión de un equilibrio tenístico que le daba a cada contienda emoción y sorpresa.

Entonces, para que ese chifa no fuese solo fruto de una tarde, nos organizamos para que, en las siguientes partidas, unos y otros ganaran y perdieran de vez en cuando. Así nos aseguramos de que, al menos por un verano, tuviéramos viernes de chifa.

Y fue así como, entre wantanes con tamarindo, chaufas sam si, tallarines saltados con pollo en trozos, chicharrones de gallina y nabos encurtidos, comprendí dos cosas muy importantes. La primera, que no había nacido para el tenis. La segunda, que la cocina sería mi salvavidas.

Comparto la receta de tallarines saltados estilo chifa, pero en versión casera.

RECETA: TALLARÍN SALTADO ESTILO CHIFA

En una sartén echan un chorro de aceite y fríen trozos de filete de pierna de pollo hasta que estén dorados y jugosos. Los retiran. Quitan el exceso de aceite y solo dejan un poquito. Allí, agregan cebolla roja cortada en cubos, pimientos cortados en cubos, y si quieren pueden echarle también col china en cubos, jolantao, brócoli y las verduras que tengan a mano. Pueden añadir una pizca de kion rallado. Echan ahora un toque de salsa de ostión, sal, una pizca de azúcar, sillao al gusto, y regresan los trozos de pollo. Saltean un poco, echan ahora un poquito de agua o caldo donde diluyen una cucharadita de chuño o harina y listo. Dejen espesar la salsa y le suman unos tallarines que pueden haber cocido simplemente en agua o, como a mí me gustan, además de cocidos, dorados luego en otra sartén con aceito, dejando partes tostaditas y recién allí meterlos a saltear con el pollo; o acomodarlos en fuente y cubrirlos con el saltado de pollo, como gusten.

Capítulo II

La partida

¿ABOGADO YO?

El gran sueño

Foto: Guarango Cine y Video.

Encuentro con Juan Mari Arzak en la cena benéfica por Pisco en diciembre del 2007, en Lima. En la foto, nos acompañan Toshiro Konishi y Rafael Piqueras.

—No te preocupes, hijo —me decía mi padre cada vez que observaba mi cara de alivio al verlo llegar a casa a la medianoche—. Yo no le he hecho nunca daño a nadie. No tendrían por qué hacerme algo —me explicaba con un cierto tono de serena tristeza.

—Pero, papá —le decía yo, aún más preocupado con su respuesta—. No importan tus actos, para ellos tú eres su enemigo y saben que estás desarmado, que no tienes ni chofer, ni carro blindado, ni guardaespaldas. Saben, además, que regresas a casa siempre a la misma hora porque lo dicen en los noticieros de las diez de la noche, cuando anuncian que la sesión del Congreso está por cerrarse. Papá, Sendero Luminoso lo sabe.

—Hijo, en serio —me decía ya con un tono más seguro—. No te preocupes, todo estará bien.

Y así transcurrían mis noches a mediados de los años 80. Rezando porque mi padre, senador en aquel entonces, llegara a casa sano y salvo. Largas noches de angustia mirando por la ventana que daba al viejo pino, hogar de lechuzas y cuculíes, que entre sus ramas dejaba ver la puerta del garaje. Solo encontraba paz cuando las luces del auto de mi padre la iluminaban, anunciando su llegada.

Llega 1987. Mi padre, reelegido senador, se bate en el senado contra el intento de estatización de la banca. La economía inicia el camino hacia el caos, la violencia aumenta a niveles tales que mis compatriotas huían día tras día por miles, buscando un futuro de paz y oportunidades lejos de su tierra amada.

Y fue así, en medio del peligro de la demencia senderista que rondaba a nuestra familia, que llegué a Madrid en 1987, con la intención de no darles a mis padres más disgustos y preocupaciones de los que ya tenían, y de intentar cumplir con la misión de convertirme en abogado. Después de todo, hacía un buen tiempo que había aceptado que aquel sueño loco de ser cocinero que habitaba en mí desde niño no era algo posible ni real, porque lo que correspondía era convertirme en un buen profesional.

El primer y segundo año transcurrieron según lo esperado. Logré algún sobresaliente, algunos notables y otros cursos que raspé con las justas. Todo iba bien hasta que, al comienzo del tercer año, algo ocurrió.

Un fin de semana de 1989 llegó a mis manos la revista del domingo del diario *El País,* una suerte de revista *Somos*, en versión madrileña. Y allí estaba él en la portada, vestido de blanco, y un titular que decía: «El líder». La nueva cocina vasca triunfaba en el mundo con una revolución culinaria que ponía en valor los productos y la cultura de su tierra, gracias a un trabajo colectivo cuyo liderazgo indiscutible estaba encarnado en el gran Juan Mari Arzak.

No lo dudé más.

El fin de semana siguiente cogí un bus a San Sebastián, rumbo a su restaurante Arzak. Y allí estaba yo, sentado solo con mis 19 años un sábado por la noche, rodeado de empresarios y gentes elegantes de todo el mundo, en ese comedor de tres estrellas Michelin, dispuesto a gastarme todo mi dinero del mes en un menú que hasta ahora lo recuerdo como si fuera ayer. Un pastel de cabracho, un pescado de aspecto atroz, pero de sabor divino; un pato azulón con frutas de marcada influencia vasco francesa; un canutillo de crema, parecido a esos cuernitos hojaldrados de las pastelerías y una botella de vino rosado de la casa Chivite Gran Feudo. Y mientras los platos iban y venían, allí estaba yo, esperando ansioso que Juan Mari saliera de la cocina, observando el nerviosismo de unos camareros que sospechaban de ese jovencito con cara de sudaca que parecía que no tendría con qué pagar la cuenta.

Hasta que de pronto él apareció, todo de blanco, dominando la sala con su carisma. Al verlo, sentí de inmediato que esa imagen era la del cocinero que siempre soñé ser, vigilando cada detalle del salón y dando de comer a sus comensales, concentrado y feliz.

Fue suficiente.

Regresé a Madrid y, ese mismo lunes, animado por mis amigos y la novia de entonces, abandoné la carrera de Derecho a escondidas; mis padres se enterarían mucho después. Me matriculé en la escuela de Hostelería para convertirme en el cocinero que soñé ser desde niño.

Y todo gracias a Juan Mari Arzak.

Pasan los años, la cocina peruana se empieza a dar a conocer en el mundo y un día del año 2006 recibo una llamada.

—Hola, ¿eres Gastón?

—Sí, ¿con quién tengo el gusto?

—Con Juan Mari Arzak. Que estoy yendo a Lima a conocer la cocina peruana y me han dicho que tengo que llamarte.

Hice todo mi esfuerzo para que no notara mi euforia y me ofrecí con serenidad a ser su anfitrión. Aceptó y, mientras llegaba, me dediqué en cuerpo y alma a preparar un gran agasajo donde pudiera mostrarle todos los platos de nuestra cocina y conocer a todos los cocineros que en ese momento participaban del movimiento que, al igual que el movimiento vasco, veníamos construyendo.

Pero, claro, no era solamente un gesto importante para alguien que, de enamorarse de nuestra cocina, podría convertirse en un buen embajador del Perú en el mundo. No. Nadie lo sabía y él tampoco. Era en realidad la necesidad urgente de poder darle las gracias por haber sido quien me permitió encontrar mi camino.

Juan Mari llegó al almuerzo que organicé para él, cruzó la antesala y caminó hacia el patio trasero donde lo esperaba un gran escenario lleno de cientos de platos y muchas personas que celebraban su presencia. Recuerdo que volteó, me miró sorprendido y me dijo:

—¿Por qué has hecho esto? ¿Por qué?

Y allí, con lágrimas, le conté esta historia. Me abrazó, lo abracé. Fuimos amigos para siempre.

Han pasado diez años de aquel momento y ayer llegué a España, invitado a preparar una cena en homenaje a la trayectoria de Juan Mari. Era el único extranjero invitado al lado de una legión de los mejores cocineros españoles.

—¿Por qué yo? —pregunté al anfitrión.

—Pero, hombre, la que han liado. ¿Que no sabes que el cebiche está ahora en toda España? No hay bar de tapas que no tenga uno en su carta. Que el Perú está hoy en el corazón de toda España, hombre, cómo no vas a venir —respondió.

Y fue en aquel momento, al ver que el sueño del mundo enamorado del Perú se iba haciendo realidad, cuando recordé, como en una película, el largo camino vivido.

Recordé a aquel niño de padre cusqueño y madre trujillana que tenía miedo de que sus amiguitos descubrieran que en su casa san isidrina se comía mote y King Kong.

Recordé a aquel adolescente que cuando entraba a un bar madrileño sentía el peso acusador en las miradas de los parroquianos, por ser sudamericano.

Recordé 1994, cuando con Astrid logramos el sueño del pequeño restaurante cuya única misión en la vida era imitar y servir los sabores de Francia, mientras Teresa Izquierdo, Cucho La Rosa e Isabel Álvarez se batían a duelo diario intentando que nuestra cultura se abriera paso entre los peruanos.

Recordé cómo, años después, con mi amigo el fotógrafo Renzo Ucelli, recorrimos durante un año el Perú entero, descubriendo campos de quinua que se pudrían en la planta por no encontrar comprador y sacos de sal de maras regados en las salinas, a la espera de que alguien viniera por ellos. Todo iba encajando.

Recordé cuando finalmente pudimos convertirnos en un movimiento de cocineros con un sueño colectivo, y también a aquellas voces que nos decían al oído que eso de imaginar al Perú reconocido en el mundo por su cocina era tarea imposible. Que eso de que Lima sería algún día un destino turístico gracias a su gastronomía jamás ocurriría. Que eso de que un día el cebiche sería tan popular en el mundo como un sushi japonés era una utopía delirante.

Recordé cómo al comienzo, es cierto, todo parecía imposible. Imposible hallar ingredientes peruanos fuera del Perú, imposible encontrar inversores o bancos o dueños de locales en alquiler que creyeran en nuestra cocina. Imposible conseguir jóvenes que supieran preparar nuestros platos y periodistas dispuestos a probarlos.

Y recordé que, cuando aquel sueño parecía apagarse para siempre, de pronto, poco a poco, todo empezó a cambiar. Las tormentas, los peligros y las batallas casi suicidas del comienzo se fueron convirtiendo en lecciones, aprendizajes y oportunidades que iban allanando el camino, sobre todo a los más jóvenes que cabalgaban detrás, llenos de confianza y sueños. Del sueño de un Perú que va caminando por el mundo seguro y orgulloso de dónde viene, confiando hacia dónde va.

Nuestra Señora de Guadalupe

En Madrid, con mis amigos del Colegio Mayor Nuestra Señora de Guadalupe.

Ayer, mientras cortaba finamente una cebolla blanca y unas papas blancas en láminas, y batía levemente unos huevos para hacer una tortilla española, vino a mi mente una dirección perdida en el tiempo: la avenida Séneca número 4, frente al Parque del Oeste, en Madrid. Se trataba de la sede del Colegio Mayor Nuestra Señora de Guadalupe, que además de ser una residencia universitaria que ofrecía alojamiento, alimentación, lavandería y otros servicios, propiciaba que los residentes entabláramos amistad con estudiantes provenientes de todos los rincones de España y de todos los países de América Latina.

Eran tiempos en los que no había celulares, por lo que cada vez que alguien nos llamaba desde lejos, un altoparlante anunciaba nuestro apellido para conferencia telefónica en una de las cabinas ubicadas en la entrada. Los anunciados salíamos corriendo, contentos o preocupados, ante la llamada, mientras los demás suspirábamos con sana envidia y mucha nostalgia, con la esperanza de que el siguiente anuncio fuera para uno de nosotros.

Tiempos en los que no había televisión por cable ni canales de YouTube, sino más bien una sala de TV con un pequeño monitor en un cuarto oscuro, en el que nos reuníamos a ver los partidos de fútbol de la temporada o alguna película o documental transmitido en las dos únicas cadenas disponibles, la primera y la segunda.

Eran aquellos tiempos en los que no había ni redes sociales ni WhatsApp por lo que, si queríamos entablar conversación o amistad, solo quedaba el pequeño bar de Don Salva, cuya especialidad era el mixto de jamón y queso y las bolsas de papas chips con salsa picante. O la sala del comedor donde los más hambrientos llegábamos temprano para coger la porción mejor servida. Recuerdo también las incursiones al colegio mayor vecino, reservado solo para estudiantes mujeres, al que acudíamos después de almorzar con el pretexto del café y la sobremesa, con la ilusión siempre bien disimulada de cruzar miradas con el amor platónico.

Cuántos recuerdos, cuántas amigas y amigos que perduran hasta hoy, cuántas aventuras y desventuras vividas juntos, cuántas lecciones y aprendizajes recibidos en aquellos días que a veces parecían eternos y otras veces fugaces, de aquel Madrid de finales de los años 80, cuando un pinchito de tortilla, una cañita y una buena compañía eran lo más cercano a la pura felicidad.

Comparto esta receta muy sencilla de tortilla española, aprendida en aquellos tiempos, cuando no se discutía si la tortilla debía o no llevar cebolla, si debía estar jugosa o seca, ni siquiera si estaba buena o no, solo se disfrutaba de ella, se agradecía.

RECETA: TORTILLA ESPAÑOLA

Cortamos una cebolla blanca finamente y la cocemos con suavidad en aceite de oliva. Cortamos 2 papas blancas peladas en 2, luego otra vez en 2 y luego en láminas no muy finas. Las freímos suavemente en aceite de oliva. Mezclamos papas y cebollas en un bol, sazonamos con sal, añadimos unos huevos batidos ligeramente, probamos de sal, echamos la mezcla en una sartén antiadherente con un chorrito de aceite de oliva, cocinamos por un lado, damos vuelta con ayuda de un plato, y cocinamos por el otro lado. Le damos el punto que nos guste, jugosa, seca, su pancito al lado, su amor o su amigo al otro lado, y listo.

LA VARIANTE

TORTILLA DE PAPAS CON SALCHICHA DE HUACHO

Desmenuzamos la salchicha de Huacho sin su tripa y la cocinamos en una sartén sin grasa. Retiramos la mitad de la grasa que soltó y echamos la salchicha en la mezcla de huevo, papa y cebolla. Seguimos luego con la receta de la tortilla española

De errores se aprende

Cuando llegué a mi primer día de clases en el instituto de cocina, mi corazón latía a mil por hora. Y no era para menos. Al fin podría estudiar aquello que siempre soñé desde niño. Quería convertirme en cocinero. Recuerdo que había dejado mis estudios de Derecho en Madrid y, para colmo, que apenas había durado un día en las prácticas que mi primo me había conseguido en el Estudio Rodrigo. «¿Doctor Morris, puedo ir un ratito a la bodega?», dije a las dos horas de haber llegado, para nunca más volver.

Meses después de estar ya en clases, volví a Lima, a casa, a pasar Navidad, ansioso por mostrarles a mis amiguitos lo aprendido: una tortilla, unas croquetas y, sobre todo, una sabrosa paella que jamás había aprendido a hacer, pero que, cual niño sabelotodo, prometí que sería la mejor paella de sus vidas. Como era de esperar, aquella primera vez fue un desastre. Primer error, creía que para que quedara rica se le debía echar de todo: carnes, mariscos, embutidos, verduras, todo junto. Segundo error, usar mucho arroz para que rindiera sin saber que eso haría que el arroz se cocinara mucho por debajo y poco por arriba. Tercer error, moverla o echarle más líquido a mitad de cocción, sin tener en cuenta que eso interrumpiría el cocido del arroz; y, por último, buscando más sabor, creía que el caldo, cuanto más denso y concentrado, mejor, porque así aseguraba un resultado óptimo, cuando en realidad terminaría opacándolo todo.

El asunto es que, al preparar aquella paella, pasó más de una hora y el arroz nunca se cocinó. Y luego, media hora más tarde y sin avisar, se convirtió en un aguadito catastrófico. Por suerte, años después, en mis viajes de promoción de la cocina peruana, mis grandes amigos cocineros españoles me darían algunos secretitos para que aquel desastre no volviese a ocurrir y para que nadie más tuviera que sufrir por esperar con hambre una paella que jamás llegó. De errores se aprende.

LAS PAELLAS

PAELLA DE MIS AMIGOS VALENCIANOS

Primero, doramos con mucha calma en una paella 2 piernas de pollo cortadas en 8 trozos y ½ conejo cortado en 8 trozos. Retiramos y hacemos un sofrito, aderezo, solo con 1 taza de tomate fresco triturado y un chorro de aceite de oliva. Dejamos que el tomate pierda su agua, raspando siempre el fondo y cuidando de que no se queme. Luego, echamos vainitas gordas o, mejor incluso, jolantao; pallares que son parecidos al original garrafón valenciano; unas alcachofas cortadas en trozos y doramos todo bonito. Regresamos las carnes y seguimos dorando todo. Añadimos sal y removemos. Echamos agua o un caldo, pero ligerito nomás, porque si no el grano se amarra. Agregamos pimentón en polvo, azafrán, ambos con prudencia, y probamos de sal. Dejamos que hierva y añadimos 2 tazas de arroz redondo. Acomodamos bien el arroz en toda la superficie y dejamos que arranque a hervir fuerte. Bajamos el fuego, colocamos encima 1 rama de romero, dejamos cocer unos 15 minutos más y, cuando esté seca, volvemos a subir para que haga xocarrat, que es nuestro concolón, y listooo. Sus amigos nunca más sufrirán.

PAELLA MARINERA

En vez de pollo, seguimos la receta anterior, añadiendo primero 1 taza de calamares pelados y cortados en trozos pequeños que dejamos dorar unos minutos. Sin retirar, agregamos luego las mismas verduras en el mismo momento que la clásica. Seguimos el procedimiento, solo que cambiamos el agua por un caldo hecho con espinas y cabezas de pescado, choros, palabritas, cabezas de langostinos, camarones, cangrejos, los que consigamos. Continuamos los pasos, pero una vez que el arroz haya empezado a cocerse en el caldo ya hirviendo, colocamos encima 8 camarones medianos enteros, 12 colas de langostinos medianas y 12 conchas de abanico crudas. Seguimos con la receta anterior y listo.

Una salsa para la batalla

Allá por los años 90 del siglo pasado, París era la ciudad a la que anhelaba llegar todo aquel que en algún lugar del planeta soñara con ser cocinero. Era la ciudad que marcaba el ritmo culinario mundial y la que durante siglos convirtió a su cocina en un auténtico orgullo nacional. Por ello, recuerdo mi llegada como estudiante a aquel París como quien llegaba al paraíso.

Rememoro aquellos primeros días caminando por la Plaza de la Concordia, cruzando por la puerta del famoso restaurante Maxim's y por todas esas tiendas de alimentos inalcanzables para un estudiante expatriado que se contentaba solo con mirar sus hermosas vitrinas llenas de productos. Como las de la famosa Fauchon, dedicada a las cosas del comer, que convertía un simple escaparate de frutas o una caja de chocolates en auténticas obras de arte.

Recuerdo París y la mini habitación con baño compartido en un séptimo piso sin ascensor, a la que llegaba cada noche exhausto y feliz, después de 18 horas diarias de estudio y trabajo intenso entre la escuela y el bistró en el que laboraba.

Era un París donde la gastronomía peruana aún no era reconocida como lo es hoy, con diversos locales peruanos en distintos barrios parisinos, con platos peruanos presentes en los menús franceses de sus afamados restaurantes, con jóvenes cocineros peruanos brillando en los sitios gastronómicos más importantes.

Nostalgias de tiempos complicados para un peruano en París que, al encontrarse en sus calles con Astrid, comprobó que era cierto aquello de que en París el amor a primera vista es posible, y, sobre todo, que es en los tiempos más adversos cuando el amor revela su pureza y eternidad.

RECETA: TALLARINES EN SALSA DE GUISO

En una olla echamos un chorro de aceite y doramos su corte de carne favorito cortado en trozos, asado de tira, ossobuco, falda, asado ruso. Los cocinamos a fuego suave por todos sus lados. Retiramos. Echamos 2 cebollas picadas. Dejamos sudar a fuego muy lento. Es momento de echar 1 cucharada de ajo molido y 2 cucharadas de ají panca licuado y sudar hasta que su aroma se vuelva dócil y amable. Mientras, licuamos 1 zanahoria rallada con 1 pimiento rojo y 4 tomates. Echamos las carnes a la olla y luego un chorro de vino. El que más les guste. Agregamos el licuado a la olla. Añadimos una hoja de laurel, una de perejil, una pizca de orégano y otra de comino, como si quisiéramos que el guiso adquiera gusto a verano. Cubrimos con un poco de caldo o agua. Cocemos a fuego muy lento por 45 minutos o hasta que la carne esté suave, pero aún con cierta elegancia. Cortamos la carne en trocitos pequeñitos y mezclamos todo en la salsa, añadiendo al final un chorrito de leche. Probamos de sal y servimos sobre unos tallarines a los que al final le sumamos queso rallado y listo.

La inspiración a la francesa

En el segundo ciclo del instituto parisino Le Cordon Blue, donde estudié, todas las clases giraban alrededor de las cocinas regionales de Francia. Fue así como, gracias a tres grandes maestros, los chefs Didier, Jean Claude y Patrick, aprendí a saltear papitas al estilo de Lyon; a hacer sopa de pescado como en Marsella; a embadurnar caracoles con mantequilla de ajo como en la Borgoña; a hacer crepes como en Bretaña; a gratinar frejoles como en Toulouse; y a hornear quiches como en Lorena. Aunque mis favoritos siempre eran los platos de la cocina burguesa parisina: el pato a la naranja, el lomo a la pimienta o el gallo al vino. Aquellos meses fueron un viaje por toda Francia a través de sus platos, pero, especialmente, fueron una gran lección que, sin saberlo, luego nos serviría en el sueño de la cocina peruana por el mundo. La lección de cómo un país, Francia, había convertido su gastronomía en motivo de orgullo, unión nacional y estandarte internacional.

Al llegar al fin de ciclo, en una suerte de final de fotografía, me tocó enfrentar a un joven de origen israelí que se fue convirtiendo a lo largo de las clases en mi archirrival, no solo porque quería ganarme en la cocina sino porque, además, el bandido quería robarme a Astrid.

Llegó el día finalmente en que se elegiría al mejor del ciclo y entramos a competir con tres platos: coles rellenas, pato a la naranja y gallo al vino. Al final, gané el primer puesto en la cocina. Pero, sobre todo, gané el cielo en el amor.

RECETA: POLLO AL VINO

Si no consiguen un gallo, mejor no se hagan lío y compren un buen pollo. Lo trocean y dejan macerar toda la noche en una botella de vino tinto decente, con verduras en dados, apio, poro, zanahoria y cebolla. Al día siguiente, doran presas y verduras, echan un par de cucharadas de harina, siguen dorando, y vierten ahora el vino, unas hierbas al gusto, romero, tomillo, perejil, laurel. Cubren con 1 taza de caldo o de agua. Dejen cocer hasta que el pollo esté jugosito. Añadan 1 taza de champiñones que previamente habrán dorado en mantequilla, 1 taza de tocino picado también previamente dorado, unas cebollitas que habrán cocido antes en mantequilla y un poquito de agua, sal y una pizca de azúcar. Prueben la sal, la pimienta, añadan perejil picado y listo. Pueden acompañarlo con pasta, arroz o un puré de papa con bastante mantequilla.

LA VARIANTE

CONEJO AL VINO

Es exactamente la misma receta solo que remplazamos el pollo por un conejo que troceamos en 8 pedazos. En este caso, la guarnición ideal es una buena pasta a la mantequilla y parmesano.

El día que te conocí

Conocí a Astrid en París, una mañana muy temprano en que llegaba somnoliento al instituto y ella salía aparatosamente por la puerta. Nos chocamos, nos miramos, señaló mi cuello y preguntó: «¿Quién te ha mordido allí?». Desconcertado, respondí. «No sé cuál de todas habrá sido». Recuerdo que, en vez de sorprenderse, sonrió y me dijo: «Ah, caramba, entonces habrá que probar», y salió corriendo. Luego, en mi clase de *boeuf bourguignon*, todo salió mal. Las cebollitas se me quemaron, el tocino se secó, la carne quedó dura, la salsa nunca ligó, los champiñones desaparecieron, la pasta se recocinó. Solo pensaba en ella. Me había atrapado para siempre.

RECETA: ESTOFADO DE ASADO DE TIRA AL VINO TINTO

Cortamos 1½ kilo de asado de tira en 8 trozos con su hueso. Vaciamos 1 botella de vino tinto y dejamos macerando toda la noche con 1 cebolla roja, 1 zanahoria, 1 rama de apio y ramas de perejil y de romero. Al día siguiente, sazonamos la carne con sal y pimienta, y la pasamos por un poco de harina. La doramos y retiramos. Doramos también las verduras y regresamos la carne. Cubrimos todo con el vino de maceración. Añadimos ahora agua que cubra la carne y dejamos cocinar el estofado a fuego lento, hasta que la carne salga del hueso. Mientras eso ocurre, cortamos ¼ de kilo de tocino en bastoncitos chicos. Los doramos y retiramos. En la misma sartén, saltamos 1 taza de champiñones chicos. Si son grandes, los partimos en dos o cuatro. Retiramos y echamos una docena de cebollitas tipo coctel peladas, que cocemos con un chorrito de agua y un trozo de mantequilla. Cuando seque el líquido, regresamos los champiñones y el tocino. Una vez que la carne esté lista y la salsa haya cogido cuerpo, le agregamos la preparación de champiñones, tocino y cebollitas. Le damos un hervor, probamos de sal y listo. Acompañamos con un puré de papas, una pasta a la crema o un pastel de papas.

Astrid, París y un beso

Cada mañana, a las nueve en punto, el chef Didier empezaba su clase de cocina regional francesa en el salón de demo que daba al jardín de invierno del instituto Le Cordon Bleu parisino, ante unos 60 alumnos llegados de todos los rincones del mundo. Los japoneses se peleaban la primera fila con su cámara en mano. En el medio, los norteamericanos preguntaban todo y, al fondo, los latinos estaban siempre listos para la broma precisa o para salir corriendo si la clase se hacía larga.

Una mañana, ubicado en mi carpeta de la última fila, mientras escuchaba atento mi clase de *blanquette de veau*, de pronto oí un «psst... psst...». Volteé hacia la puerta de escape y era Astrid que con cara de yo no fui me hacía una seña para que saliera de clase a hablar con ella. Recuerdo que, durante los días siguientes a nuestro primer encuentro en la puerta del instituto, había acudido al látigo de la indiferencia como escudo para no salir magullado ante aquella jovencita de actitud avasalladora.

Pero ese día salí de mi clase, la acompañé hasta la salida y, allí, en medio de la *rue* Léon-Delhomme, me dijo: «Mira, me tengo que ir ahora manejando hasta Alemania a arreglar unos papeles y pensaba que, si me pasa algo en el camino, me quedaría sin haberte dado un beso. Así que no sé si podrías darme un beso de buena suerte antes de que me vaya». En ese momento miré hacia atrás, hacia los costados y vi que no había escapatoria. Así que inflé el pecho, pasé mi mano por mi melena, la miré a los ojos con cara del último romántico y con el arrojo de un galán de Televisa acepté. La tumbé sobre el capó del auto cuadrado a la puerta del instituto y le di un largo y apasionado beso. De pronto, un ruidoso aplauso bajó desde el segundo piso, donde toda la clase observaba la escena por la ventana. Recuerdo que miré hacia arriba, di un saludo triunfal a la audiencia y, cuando volteé, Astrid ya se había subido a su auto, riéndose. Mientras arrancaba, me dijo: «¡Yuppiii!, ya tengo mi beso. Chau». Y se fue, dejándome allí, desconcertado, una vez más, atrapado para siempre.

RECETA: POLLO A LA CREMA

En una cacerola doramos con una cucharada de mantequilla 8 encuentros o muslos de pollo, previamente sazonados con sal y pimienta. Los retiramos. En la misma cacerola, echamos 1 cebolla picada finita, cocemos suavemente, añadimos 1 cucharadita de ajo molido, cocemos por 1 minuto y echamos 2 cucharadas de harina, cocemos 2 minutos y echamos 1 copita de vino blanco, dejamos que hierva raspando el fondo de la cacerola y regresamos las presas de pollo. Agregamos 1 taza de zanahorias en rodajas, ½ taza de arvejas y 1 taza de champiñones cortados en 2. Añadimos 1 taza de caldo de pollo y 1 rama de romero y otra de perejil. Dejamos cocer unos minutos y sumamos 1 taza de crema de leche. Dejamos que espese y coja punto, y al final añadimos un trocito de mantequilla. Probamos de sal y, justo antes de servir, una gotita de limón.

LA VARIANTE

POLLO A LA MOSTAZA

Seguimos la receta anterior, solo que al final echamos, en vez de limón, una buena cucharada de su mostaza favorita. Mezclamos bien con la salsa y listo.

Mi maestro

Una historia dedicada a Jacky Larsonneur

El barrio quince es un tradicional barrio parisino famoso por su enorme torre Montparnasse, su hermoso mercado callejero en el bulevar de Grenelle, y por haber sido cuna de Brigitte Bardot. Para mí, en cambio, el barrio quince fue inmenso gracias a la apacible calle Léon Delhomme, en la que se encuentran dos de los escenarios que marcarían mi vida para siempre.

El primero, el instituto Le Cordon Bleu, donde aprendí todos los principios culinarios básicos para iniciar mi camino como cocinero y en donde la vida me concedió la enorme fortuna de encontrarme con Astrid, aliada incondicional y luchadora incansable de mil y un batallas.

Y el segundo, el pequeño bistró de la esquina llamado Je Thé...

Me, cuyo nombre era un juego de palabras que pretendía decir «yo te amo», solo que aludiendo a la antigua tienda de té que funcionaba antes de que Jacky Larsonneur, su propietario, la convirtiera en un típico y hermoso restaurante parisino. El lugar, además, donde este pechito inició tempranamente su carrera como cocinero.

Mi día empezaba muy temprano, antes del amanecer. Vivía cerca, en el barrio siete, en una buhardilla de 15 metros cuadrados con baño compartido en un séptimo piso sin ascensor. Esas que solían ser las habitaciones de los trabajadores del hogar de los apartamentos de los pisos más abajo. El presupuesto alcanzaba con las justas. Salía muy temprano, compraba una baguete de la panadería Le Moulin de la Vierge y, si había algún dinerillo extra, un delicioso *croissant* de mantequilla. Luego me iba caminando hasta la escuela en una jornada que no pararía hasta las siete de la noche.

Al mediodía había un pequeño receso que aprovechábamos para ir a la crepería de la esquina, regentada por un alumno chipriota de la escuela que nos preparaba, a veces gratis, suculentas crepes con queso, jamón y huevo, que parchaban nuestro estómago hasta el día siguiente.

Y fue así como conocí al gran Jacky.

Para llegar a la crepería había que pasar por la ventana que daba a la cocina de su restaurante. Y allí estaba él, cocinando, cantando y silbando. Eso sí, siempre con una sonrisa y saludándome con mucho cariño.

—*Bonjour, chef, ca va?* —me decía cada tarde.

—*Ca va bien, chef* —respondía con curiosidad infinita por saber qué cocinaba.

Y así, hasta que un día me hizo la pregunta que lo cambiaría todo.

—¿No te gustaría practicar aquí en las noches cuando acabas tus clases?

—¿En serio? ¡Claro que sí! ¿Cuándo empiezo? —le dije—. Además, ya termino en dos meses y estaba buscando dónde hacer mis prácticas.

—Mañana empiezas. Te espero.

Y así empezó. Solo que un detalle inesperado ocurriría. Al cabo de unos meses, Jacky había decidido ponerme a cargo de la cocina. Sí. Jefe de cocina de un restaurante en París. Yo tenía solo 23 años y casi ninguna experiencia. Pero, claro, para resolverlo todo, estaba Jacky.

Con él y cuatro personas más en el restaurante hacíamos de todo, pero, especialmente, él hacía todo. Era anfitrión, recibiendo a los clientes; *maître*, recomendando los platos del día; mozo, llevando los pedidos a la mesa; *barman*, preparando los cocteles; cajero, cobrando las cuentas; y cocinero, cuando los pedidos demandaban ayuda.

Él solo podía hacer todo eso en una noche al mismo tiempo. Y nosotros seguíamos su ritmo y aprendíamos de él cada día todas las artes de la gastronomía que Jacky manejaba con maestría. Al final, los cinco atendíamos a más de cien personas al día, con un menú que me tocaba cambiar a diario, conteniendo seis entradas que comprendían desde salmón marinado con blinís, terrina de poros a la vinagreta, ensaladas de pato con jamón y *foie* hasta 6 platos principales, entre pescados con *beurre blanc*, costillas de cordero en su jugo al romero o un *magret* de pato con pastel de papas.

Sí, fue gracias a Jacky que aprendí todo lo necesario para atreverme a soñar con que un día podría tener un restaurante como el suyo y ser como él, incluso sabiendo que personas así son únicas e insuperables.

Gracias, querido Jacky, por todos los caminos que abriste en mi vida.

UNA RECETA EN SU HONOR: ESTOFADO DE PATO CON ARÁNDANOS

Compramos 1 pato que luego cortamos en 4 trozos, 2 pechugas y 2 piernas. Doramos carcasas y alas con 2 tazas de cebolla, zanahoria, poro y apio, todo picadito, y un chorrito de aceite. Cubrimos de agua y dejamos cocer a fuego muy lento por 1 hora. Colamos y retiramos la grasa. En una cazuela, echamos las presas de pato a dorar lentamente y retiramos. Añadimos 1 cebolla picada finita, doramos y añadimos 1 cucharada de harina, 2 tazas de arándanos, 2 cucharadas de azúcar, 2 copas de vino y un chorrito de vinagre. Agregamos hoja de laurel, ramita de tomillo y tallos de perejil. Damos un hervor, regresamos las presas y echamos el caldo que hicimos. Mezclamos bien y dejamos cocer todo a fuego lento por unos 40 minutos. Al final, sumamos más arándanos, probamos de sal y servimos con puré, pasta o pastel de papas.

El secreto está en los detalles

Uno de los platos que más de moda estuvo en el mundo de la alta cocina mundial a comienzos de los años 90 era un lomito a la pimienta verde que, en vez de hacerse frente al cliente, como su predecesor (el lomo a la pimienta negra), salía ya servido desde la cocina. Eran tiempos en que el cocinero empezaba a reivindicar su rol en el reconocimiento de un restaurante.

Un día, mi jefe del restaurante parisino donde trabajaba, el gran Jackie, de pronto me dice:

—Ya estás listo. A partir de ahora tú cocinas todo, chef.

Y ahí estaba yo, a mis 23 años, comandando un restaurante en el corazón de la entonces capital mundial de la gastronomía. No estoy seguro de cuántos lomos a la pimienta habré hecho en aquellos días, quizás unos dos mil. Pero sí llevo en mi memoria los recuerdos del gran Jacky:

—La buena cocina, G, está en los buenos ingredientes y en la buena sazón, pero la gran cocina está en los detalles. Una buena sartén donde puedas dorar el lomo sin que se queme. Una buena carne forrada en las pimientas que quieras, pero machacadas en el momento, no molidas. Chancadas. Un chorrito de aceite y un buen trozo de mantequilla para ir rociando el lomo mientras lo cocinas y que no quede seco. Un buen licor, aquí usamos cognac, porque somos franceses, pero en todo caso un buen destilado y en porción generosa. Luego, un buen juguito de asado, si es en casa, o una buena *demi-glace*, si es en el restaurante. Finalmente, un chorrito de crema muy fresca, dejas que espese todo y listo.

—¿Y las papas? —recuerdo que le pregunté al gran Jacky.

—Bueno, acudir a lo mismo, buenas papas cortadas a mano, fritas en el mejor aceite o incluso en grasa de vaca como antaño, buena sal y listo. Los detalles, hijo, no te olvides nunca de los detalles.

RECETA: LOMO A LA PIMIENTA

Cortamos el lomo fino en 4 trozos grandes de unos 300 gramos. Los sazonamos con sal y los pasamos por abundante pimienta negra machacada. Los doramos en una sartén con un trozo de mantequilla y un chorrito de aceite, lentamente por todos sus lados. Vamos rociándolo con la mantequilla sin pausa. Añadimos un diente de ajo, un poco más de pimienta negra machacada y una ramita de romero. Retiramos los lomos. Luego, agregamos a la sartén un chorro de brandy, pisco o jerez (lo que tengan a mano). Flameamos y dejamos que evapore el alcohol. Echamos ahora un chorro de caldo de carne bien concentrado. Dejamos que hierva. Luego agregamos un buen chorro de crema de leche, y dejamos hervir hasta que coja punto cremoso. Regresamos los lomos para que cojan el punto de cocción deseado y, por última vez, probamos la salsa. Servimos los lomos con abundante salsa y papas fritas.

LAS VARIANTES

LOMO A LA MOSTAZA

Sigan la misma receta anterior, solo que al final le añaden a la salsa una cucharada bien generosa de mostaza. Su favorita. Mezclen bien y listo.

LOMO EN SALSA DE CHAMPIÑONES

Sigan la misma receta del lomo a la pimienta, pero agreguen 2 tazas de champiñones previamente cortados en rodajas y dorados en mantequilla con un poquito de perejil. Se añaden junto con la crema de leche y se deja coger a la salsa un punto cremoso. Lo ideal es acompañar este plato con arrocito blanco.

Capítulo III

El retorno

Agradecer

Tuve la enorme fortuna de vivir cuatro años de aprendizaje en Francia. De lunes a sábado, la jornada se iniciaba a las nueve de la mañana y terminábamos a la medianoche, sin parar.

Con mis 20 recién cumplidos, durante los dos primeros años fui un aprendiz sin salario llegado de un país que, en aquel entonces, aún no era reconocido culinariamente en el mundo como lo es hoy. Los comienzos no fueron fáciles. Como todo comienzo.

Poco a poco me fui ganando la confianza de mis maestros y en el último año fui contratado como jefe de cocina de un pequeño bistró en el que aprendí mucho, solo que para ese momento ya había decidido con mi esposa que nuestro sueño estaba en el Perú.

En 1994, mi esposa y yo tuvimos la enorme fortuna de hacer realidad nuestro sueño del restaurante propio. Cuando llegamos al Perú, no teníamos un solo centavo ahorrado y mi familia desconfiaba de nuestro futuro. Ser cocinero no generaba el entusiasmo en inversionistas y público, como ocurre ahora. Mi esposa estaba embarazada de nuestra primera hija, pero teníamos lo más importante, el sueño común, la certeza de que con fe y mucho trabajo lograríamos el restaurante propio.

Conseguimos trabajo rápidamente, pedimos prestado a todo aquel que conocíamos, encontramos un lindo local en la calle Cantuarias y, en un año, logramos nuestro sueño. Así nació Astrid & Gastón.

Los primeros años fueron aún más duros que aquellos de aprendizaje en Francia. Pero, claro, no eran distintos de los de cualquier propietario de cualquier empresa que empieza con su sueño.

Durante los inicios, llegaba al restaurante primero que nadie, antes de las nueve de la mañana y era siempre el último en irme, alrededor de las dos de la mañana. Mi esposa llegaba horas después y se iba horas antes, porque, en ese tiempo, debía preocuparse intensamente de nuestras hijas. Los domingos, cuando el restaurante descansaba, llegaba temprano para poner en orden las cuentas.

Astrid & Gastón cuando se encontraba en la calle Cantuarias, en Miraflores.

Largos años sin un solo día de vacaciones: mi esposa en el salón, yo en la cocina, sacrificando valiosísimo tiempo familiar, pero con la tranquilidad de saber que íbamos construyendo un sueño sólido al que el público acudía cada día con más ilusión. Día a día íbamos encontrando una filosofía y un camino, con la sensación de que en los años que vendrían la cocina peruana, a la que pertenecíamos, tendría un destino distinto al que parecía tener hasta ese momento, aunque aún no sabíamos cuál sería.

Cuántos recuerdos, cuántas anécdotas, cuántas emociones nos invaden al recordar aquellos años. Pero, sobre todo, cuántas personas a las que agradecer. A nuestros maestros, que con su rudeza y dulzura compartieron su saber con nosotros; a quienes confiaron en nosotros, en tiempos en que la cocina no era garantía de éxito; a nuestros clientes, que nos exigían y retaban día a día a ser mejores; a nuestros amigos productores, que hacían lo imposible por traernos lo mejor de sus productos; y a esos jovencitos y jovencitas que sin conocernos empezaron a nuestro lado (Pío, Vic, Rosa, Diego, Ronald, William, Xime, Brenda, Hans, Carlos y muchos más), con los que pasamos mil peripecias y que hoy son exitosos cocineros propietarios, empresarios, profesores, conductores de TV, pero, especialmente, buenos padres, amigos, personas.

La memoria sirve sin duda para sentir y vivir lo vivido, pero también está allí para recordar y agradecer. Nunca olvidar y siempre agradecer.

Esta receta trata de eso. De agradecer. De agradecer a todos aquellos que, durante años, nos enseñaron los secretos del guiso, de la cocina a fuego lento, de los platos de cuchara. A la gran Sonia que, desde muy niño, me hizo descubrir los placeres de una parihuela o de un chupe de pescado. A Trujillo, que de pequeño me reveló la magia de un cangrejo reventado. A mis profesores en Francia, que me deslumbraron con la primera bullabesa. A La Chayo o La Paisana, las reinas del sudado de pescado. A don Humberto Sato y su maestría frente a su pejesapo guisado y a todos aquellos que, palabra a palabra, bocado a bocado, fueron afinando el amor hacia una de las más nobles de todas las cocinas, la cocina a fuego suavecito.

RECETA: PARIHUELA CLÁSICA

En una cazuela echamos un chorrito de aceite y sudamos 1 taza de cebolla roja picada finita por 5 minutos. Agregamos 2 cucharadas de ajo molido. Un minuto después, añadimos ¼ de taza de ají amarillo licuado, ¼ de taza de ají mirasol licuado y ¼ de taza de ají panca licuado. Cocinamos 15 minutos y sumamos 1 taza de tomate pelado y triturado. Echamos sal, pimienta, comino, orégano en polvo, ¼ de taza de culantro picado, ¼ de taza de perejil picado, ½ taza de yuyo o algas picadas, 1 vasito de chicha, otro vasito de vino blanco, 1 hojita de laurel y dejamos que hierva por 5 minutos. Ahora le toca al mundo marino. Primero, los pescados. Buscamos, según la estación, aquellos que más abundan. Tendrán calidad y buen precio. Colocamos los pescados enteros o en trozos con su piel y su hueso, según sea la especie. Los filetes no funcionan en una parihuela clásica. Luego, vienen los mariscos. Elegimos 4 cangrejos grandes, 4 camarones grandes, 8 choros grandes, 8 conchas grandes y 4 calamares medianos cortados en 4. Cubrimos todo con un poco de caldo suave hecho con las cabezas de los pescados grandes y tapamos. Dejamos cocer, retirando aquello que se va cocinando rápido como las conchas, los choros, los calamares o los pescados más frágiles. Cuando lo demás está cocido, probamos de sal, añadimos 1 rodaja de rocoto, el jugo de 1 limón y regresamos lo que habíamos retirado. Damos un reposo de 2 minutos y listo. Servimos en su misma cazuela. Algunos, para espesarla, le echan 1 cucharadita de chuño diluida en caldo. A mí me gusta sin nada, pero es cuestión de gustos.

LAS VARIANTES

PARIHUELA MELLICERA

Seguimos toda la receta anterior, hasta el momento de agregar el pescado o mariscos. Añadimos 1 tramboyo grande entero (sin vísceras ni escamas), 1 pejesapo grande, también entero, y 4 cangrejos Popeye, bien grandes y enteros. Luego seguimos el mismo procedimiento que la receta clásica. Cómanla bien caliente y luego esperen el desenlace. Es poderosa.

PARIHUELA FRANCHUTE

No es una bullabesa (la famosa sopa de pescado francesa); esta es una parihuela que coquetea con ella. Hacemos la parihuela clásica y llevamos todos los pescados y mariscos a una fuente. En la cazuela del caldo añadimos 4 papas amarillas grandes peladas, que cortamos en 2. Las dejamos cocer para que chupen todo el sabor de ese caldo. Retiramos unos cuantos trozos de las papas y hacemos con ellas una salsa, machacándolas y mezclándolas con un poco del caldo, ajo molido, perejil picado y rocoto licuado. Las montamos con aceite de oliva del mismo modo que una mayonesa, es decir, echando el aceite en hilo lentamente y batiendo al mismo tiempo. Agregamos, al final, gotas de limón. Servimos la sopa con las papas, pescados y mariscos aparte, y la salsa para ir acompañándolos.

De cocinero a cocinero

Foto: *Revista Caretas.*

Querido Rafo,

He leído tu carta y no quería dejar pasar más días para escribirte unas palabras que ojalá puedan aliviar la ansiedad que hoy vives. Me cuentas que tu sueño de tener un restaurante propio lo ves muy arriesgado, que a veces no duermes pensando en si te equivocaste de carrera o no, que te encanta la cocina, que piensas y sueñas todo el día con ella, pero que la incertidumbre de tu futuro siempre inquieta tus emociones. Que a tus 23 años te sientes más confundido que nunca.

Pues bien. Lo primero que debo decirte es que todos esos sentimientos son propios de tu edad y el momento que vives. Yo los tuve y viví. Todos los que empiezan una nueva etapa en su vida los tienen. Y tú, estás iniciando una nueva etapa en tu vida.

Te cuento que, a comienzos de los años 90, cuando trabajaba en París, sentí que era momento de regresar al Perú, en tiempos en que poco de lo que ves hoy alrededor de la gastronomía peruana existía. La cocina peruana claro que sí existía, igual de rica y entrañable. Nada hemos inventado los cocineros de hoy en ese sentido. Sin embargo, una cocina peruana convertida en una actividad que le da reconocimiento internacional al Perú en todo el mundo y que genera modelos de negocio y oportunidades para muchos compatriotas, mientras intenta integrar a productores y profesionales en una cadena que, además, una en un sentimiento de orgullo a muchos peruanos, eso aún estaba por llegar.

Por ello, es fácil de entender que en aquellos años mis padres se preocuparan mucho cuando les revelé que no sería abogado sino cocinero. Quizás por eso, cuando regresé al país, sentía que todos me miraban como el joven que se perdió en el camino.

Fue en aquel momento cuando Astrid y yo llegamos a Lima, con la sensación de rechazo social, sin un centavo en el bolsillo y ella esperando a nuestra primera hija. ¿Pero qué teníamos en ese momento Astrid y yo? Primero, el amor que nos unía y llenaba de fuerzas; el sueño de hacer algún día un pequeño y hermoso restaurante con el que juntos pudiéramos salir adelante. Ese era todo nuestro patrimonio. Al poco tiempo fui contratado para armar la primera escuela de cocina que luego se convertiría en Le Cordon Bleu. Y a Astrid la contrataron en una pastelería a la que iba a recogerla cada tarde y en la que, como buena alemana, trabajó con su linda barrigota hasta casi cumplir nueve meses de su embarazo.

Mientras trabajábamos y soñábamos con nuestro futuro restaurante, encontramos un pequeño local en la calle Cantuarias 175, en Miraflores, que estaba cerrado desde hacía varios meses. Su dueña, una señora noble y buena, venía de tener problemas judiciales con su inquilino anterior y nos dijo que no lo alquilaría a nadie. Le contamos nuestros sueños y finalmente nos lo alquiló. Pero un detalle. Nos faltaba algo importante. El dinero. No teníamos un centavo. Entonces, tocamos puertas. Todas las puertas. Padres, hermanos, tíos, amigos hasta que logramos reunir 45 000 dólares. Una pequeña fortuna para la época. Recuerdo que para que nos alcanzara, al menos para abrir, nos íbamos todos los días a comprar materiales nosotros mismos al jirón Pachitea, a demoliciones, a talleres mecánicos y, sin arquitectos ni decoradores que no podíamos pagar, preguntábamos por todas partes consejos sobre cómo armar el restaurante. Y lo logramos. Un 14 de julio de 1994 abrimos Astrid & Gastón.

Y a partir de ahí, el comienzo de una nueva angustia. Porque no hay nada más triste y desesperanzador para un cocinero que no lleguen clientes a su restaurante. Recuerdo el primer día que abrimos como si fuera ayer. ¡Solo llegaron dos personas! Pero, al día siguiente, llegaron 8. Al siguiente, 15. Y el fin de semana llegaron 30 personas. ¡¡¡30 personas!!! No estábamos preparados y todo colapsó. El servicio fue un desastre, los ingredientes se agotaron, todo salió mal. 30 personas era demasiado para nosotros (hoy atendemos, cada día, a miles de personas en todo el mundo).

En ese momento pensamos que era el fin. Que ese desastre no sería perdonado por el público. Que ya nadie vendría, que no podríamos pagar la deuda, que nuestros hijos no podrían tener un buen colegio donde educarse, que el mundo se nos venía abajo. Al igual que tú, la angustia nos invadía. Pero al final, lo superamos.

Para ello, trabajamos todo el día sin parar. Yo llegaba a las ocho de la mañana y tenía que ver la cocina, las compras, el servicio, las cuentas. Me iba a las dos de la mañana. De lunes a domingo y sin vacaciones durante largos años. Había que salir adelante.

Astrid, con sus 24 años, enfrentaba cada día el salón como una mujer curtida en mil batallas. Eran otros tiempos. La sociedad limeña de aquel entonces era distinta a la de hoy. No era fácil. Pero allí estaba ella. Con su dulce mirada y su sonrisa, con su espontaneidad en la piel, con su carácter alemán franco y sincero. Pero sobre todo con ese buen corazón del cual me enamoré. Al final de la noche, recuerdo cómo se llevaba los manteles y las servilletas a la casa porque no podíamos pagar una lavandería. Había que pagar las deudas.

Día a día, luchábamos como en una hermosa batalla en la que el amor, la fe y la convicción nos mantenían unidos hasta que finalmente logramos lo que habíamos soñado. Tener un hermoso restaurante, con deudas pagadas, con proveedores y trabajadores con los cuales aprendíamos juntos cada día, con clientes estables

Foto: El Bodegón.

y felices que aliviaron nuestras angustias y nos permitieron seguir nuestro camino como hasta hoy. El resto es historia conocida.

Hoy, la gastronomía peruana abre más puertas y oportunidades que en nuestros tiempos. Hoy, tienes además a personajes inspiradores, con caminos tan diversos, que pueden hablarte de sus tropiezos y aprendizajes, hasta que lograron conseguir el reconocimiento que hoy reciben. Al final, estoy seguro de que todos ellos te dirán lo mismo. Que aprendas con humildad. Que celebres el éxito ajeno como tuyo y sufras el fracaso ajeno como propio, porque la cocina profesional es eso, un acto de compartir, no de competir. Que disfrutes cada momento como si fuese el último. Que sientas que siempre puedes hacerlo mejor. Que cuando el éxito te sonría, ayudes a que a otros también les sonría. Y, sobre todo, no dejes que el miedo te detenga y lánzate a hacer realidad tus sueños, con generosidad, agradecimiento y honor. Cuando lo logres, allí estaremos para aplaudirte.

Un abrazo.

G.

P. D. Me olvidaba, comparte siempre lo que aprendas y así siempre harás algo nuevo. Aquí te comparto el arroz tapado que hice ayer. Salió muy rico.

RECETA: ARROZ TAPADO

En una sartén hacemos un aderezo con 2 tazas de cebolla picada finita, 1 cucharada de ajo molido, ¼ de taza de ají panca licuado, ¼ de taza de ají amarillo picadito sin venas ni papas, sal, pimienta, comino y orégano al gusto. Añadimos 2 tazas de carne de lomo de res o de bistec picada chiquita, no molida. Luego 1 cucharadita de harina y un chorrito de vino tinto. Dejamos evaporar y cocemos unos minutitos, agregando un chorrito de agua o caldo. Sumamos al final un puñado generoso de perejil picado finito, y echamos pasas y huevo duro picado. Si gustan, opcionalmente, unas aceitunas. Con esto rellenamos en un molde primero un poco de arroz blanco cocido, luego generosa porción de relleno, después más arroz y desmoldamos. Acompañamos con plátanos fritos y huevo frito encima.

A mi padre

Año 1991

—Hoy llega nuestro hijo convertido en todo un abogado. Trabajará en el afamado Estudio Rodrigo, se inscribirá en el partido Acción Popular, luego será elegido diputado y, si es que el pueblo lo apoya, un día será un gran presidente.

—Papá, mamá, debo confesarles algo. Durante estos años, cuando venían a visitarme a Madrid, escondía mis libros de cocina y acomodaba los de Derecho, para que no se dieran cuenta de que hace tres años abandoné la facultad de Derecho y me matriculé en la de Hostelería. Y hoy no soy abogado. Soy cocinero.

—Pero... ¿Por qué, hijo? ¿Por qué, habiendo tenido todo lo que un joven pudo soñar, decidiste eso? ¿Por qué?

Un largo silencio invadió la sala. Triste, doloroso, hiriente. Después de todo, había engañado y defraudado a mis padres.

Enero de 1995

Han pasado seis meses desde que abrimos Astrid y Gastón. En la sala, Astrid, con sus 24 añitos a cuestas y una barriguita anunciando a nuestra segunda hija, se plantaba noche tras noche en la puerta a recibir a los clientes que llenaban nuestro restaurante. En la cocina, mi labor empezaba muy temprano, en la calle Capón, siguiendo los pasos de los maestros de entonces, Toshiro, don Humberto Sato..., buscando esas chitas y lenguados de anzuelo que solo allí se encontraban. Recuerdo que, pasada la medianoche, Astrid y yo éramos los últimos en partir. Era una larga jornada, pero claro que valía la pena. El éxito parecía sonreírnos.

Pero ¿cuál éxito? Si mis padres están dolidos por el camino que tomamos. Los hemos defraudado. Recuerdo aquello como un sinsabor que hincaba a diario. Hasta que un día, algo inesperado ocurrió.

—Gastón, necesito contarte algo —me dice Raúl, el portero, con su particular elegancia.

—Dime, Raúl.

—Tu papá no viene mucho a comer. Pero pasa todas las noches, alrededor de las diez, se detiene unos segundos y se va.

—¿Así? ¿Y qué más hace? —le pregunté sorprendido.

—Como no entendía muy bien por qué lo hacía, ayer aproveché que no había clientes para acercarme, saludarlo y preguntarle: «¿Qué lo trae por aquí, don Gastón?». ¿Y sabes qué me respondió?

—¿Qué?

—Me dijo: «Raúl, aquí hay 15 carros y en el restaurante X hay 10 carros, y en el Z hay 12 carros, y en el Y hay 11 carros. Ayer y antes de ayer fue lo mismo. A mi hijo le está yendo bien».

En ese momento, de forma casi inmediata, unas lágrimas cayeron por mi rostro. Mi padre, preocupado por nuestro futuro, recorría cada noche la escena restaurantera limeña, contando cuántos autos había en cada local para comparar con la cantidad de autos que había en el nuestro. Al comprobar que en el nuestro había muchos, se iba a casa y dormía en paz.

Resultó que mi padre nunca estuvo molesto. Lo que tenía era una honda preocupación paterna y quería lo mejor para su hijo. Un hijo dedicado a una actividad que en aquel momento aún no alcanzaba a comprender. Él nunca se sintió defraudado. Todo lo contrario, en mi padre solo habitaba el amor.

RECETA: CHITA A LA MIEL DE AJONJOLÍ DE LOS AÑOS 90

Fileteamos una chita y cortamos cuatro filetes con su piel. Doramos en sartén con mantequilla primero por el lado de la piel. Luego, por el lado de la carne. Aparte, doramos sus huesitos en una cacerola con ½ cebolla, ½ poro, ½ zanahoria, todo picado chiquito y echamos 4 cucharadas de vinagre, 2 de azúcar y 2 de sillao. Doramos todo y añadimos 2 tazas de agua, dejamos cocer 15 minutos y colamos. Allí, añadimos 1 cucharada de aceite de ajonjolí, dejamos concentrar y agregamos 2 cucharadas de mantequilla. Bañamos los filetes con esta salsa, espolvoreamos con ajonjolí tostado, cebolla china picada y acompañamos con puré de papa.

RECETA: LENGUADO A LA SARTÉN CON ALCAPARRAS

En una sartén doramos 4 filetes de lenguado previamente sazonados con sal y pimienta, y pasados por harina. Los retiramos. En la misma sartén, echamos un chorrito de vino blanco, 2 cucharadas de mantequilla, 1 cucharada de alcaparras, ½ cucharada de ajo picado finito, una pizca de salsa inglesa y gotitas de limón. Mezclamos bien todo para que se haga una salsita y regresamos los filetes que bañamos bien con la salsa. Al final, servimos en el plato, bañando con la salsa y añadiéndole unos daditos de pan frito y unos gajitos de limón. Acompáñenlo con unas papitas al vapor, unas verduritas en mantequilla o lo que gusten. Hasta con arrocito blanco o papas doradas queda bien rico.

Astrid en el 2003, cuando abrimos nuestro primer Tanta, en Chacarilla.

Foto: *Revista Caretas*.

Un viaje hacia Tanta

Los sabores de infancia son aquellos que, de alguna manera, perdemos el día que decidimos partir de casa para iniciar una vida independiente, por un trabajo que nos obliga a almorzar fuera, o para formar una nueva familia. Atrás queda todo el amor que día tras día nuestras madres y abuelas nos daban a través de sus platos. Allí había afán por nutrirnos, había ingenio para buscar felicidad plena con presupuesto escaso, pero sobre todo había amor. Amor de abuela, amor de madre, amor transformado en cocina casera, la cocina del amor.

—¡Para, Gastón, para la camioneta!

—¡Qué pasa!

—Mira esos campos púrpuras. ¡Hermosos! Quiero tomarles una foto.

—¿De qué son?

—¿Eres cocinero y no sabes de qué son? Es kiwicha. Son campos de kiwicha. Bajemos.

Corría el año 2002. Con mi amigo fotógrafo Renzo Ucelli decidimos embarcarnos en la aventura de recorrer todo el Perú en busca de respuestas a las preguntas que día a día aparecían en nuestro trabajo. Fruto de aquel viaje nacería mi primer libro, *Perú. Una aventura culinaria;* nacería el programa *Aventura Culinaria*; y nacería nuestro restaurante Tanta. Aquel viaje determinó para siempre el rumbo de nuestro trabajo.

Como contaba, viajábamos por Arequipa cuando un hermoso campo de kiwicha nos detuvo.

—Buenas, señor, ¿es usted el dueño?

—Así es. ¿En qué los puedo servir? —dijo el caballero con la cortesía formal típica del arequipeño.

—Queremos tomarle unas fotos a su campo. Estamos recorriendo el Perú y sus productos. ¿Podemos?

—¿Me parece o está ya listo para cosechar? —pregunté con

curiosidad, sin prever que la respuesta sería tan reveladora.

—No. En realidad, ya debió cosecharse hace semanas. Pero qué hago. Si no hay quién la compre. Para qué perder el tiempo. Un año más que perderé la cosecha. Ya coseché para mí. Esto que ven no tiene destino.

Renzo y yo nos quedamos por unos minutos en silencio. Sin saber qué decir. Sin saber cómo alentarlo. Sin saber qué preguntar.

—Vendrán tiempos mejores, señor. Vendrán.

Y seguimos nuestra ruta.

Viajamos por todo el Perú. Llegamos a Maras, la tierra de mis abuelos, donde vimos cómo sus sacos de sal sin comprador vigilaban sus hermosas montañas salinas aún desconocidas por muchos. Y también fuimos a Puno, donde encontramos un escenario similar, los compradores escaseaban.

En aquel momento, solo pioneros como Don Cucho agitaban a los limeños a comer quinua y en el resto del mundo ni qué decir. Casi nadie imaginaba aún que un día la sal de Maras se haría tan popular, el camu camu y la cocona abrazarían los corazones de todo el Perú, el ají charapita alegraría los cebiches de la capital, las papas nativas de colores serían tan aplaudidas, o que todos esos ingredientes que estaban escondidos por siglos de pronto encontrarían en la cocina peruana a una aliada que un día podría devolverles a sus productores lo más importante en la vida: la esperanza.

En aquel viaje junto a Renzo, a cada paso, en cada pueblo, las respuestas iban apareciendo sin cesar.

Ya de vuelta a casa.

—Pepito, Astrid, llegó la hora. Hagamos esa versión peruana de Fauchon.

Fauchon era un famosísimo restaurante parisino en el que uno podía encontrar los mejores productos y platos de Francia y del mundo. Cuando pasábamos por sus puertas como estudiantes, nunca pudimos comprar nada, pero no importaba. Sus vitrinas nos hacían soñar.

—Sííí. Yo me encargo de los postres, los chocolates, las tortas. De crear postres nuevos que usen los ingredientes del Perú. La lúcuma, el maracuyá, el tumbo, la carambola, el camu camu, el cacao peruano —dijo Astrid con su cautivante naturalidad.

—Y yo de llenar las vitrinas de platos y productos hechos con todos esos ingredientes que descubrimos en el viaje. *Taboulés* de quinua, pomitos de sal de maras, *chutneys* de aguaymanto y saúco, y también con todas esas cosas ricas de casa que hemos ido viendo a lo largo de nuestros viajes. Porque, así como Fauchon es francés y universal, el peruano debe ser peruano y universal. Debe ofrecer cocina casera de aquí y de allá. Porque al final los sentimientos del hogar no tienen fronteras, la cocina con amor no tiene fronteras.

—¿Una tienda de comidas, postres, productos y restaurante? Menudo trabajo de administración que me espera —dijo Pepe, poniendo paños fríos a las ideas.

—Producir todo en un mismo lugar no será tarea fácil. El pastel de choclo de mi mamá en versión mejorada, la tortilla española que comía de estudiante en Madrid, los chocolates del París de Astrid, los montaditos de nuestro viaje a San Sebastián, el mejor lomo saltado posible, los sánguches y las empanadas rellenas con generosidad. Los platos caseros de siempre, el aguadito, el sancochado, el asado con puré. Y que, además, todo esté rico o al menos intente estar rico. Sí, pues, nada fácil. Pero de eso se trata, ¿no? Lo fácil no es ni atractivo ni memorable. Vamos por lo difícil.

—Lo importante es que cada cosa que hagamos sea fiel a lo que queremos. Transmitir, con las cosas simples de la vida, cariño, respeto, generosidad, amor. Como la cocina de la casa —dijo Astrid con germana precisión.

—Bueno, ahora a conseguir los recursos. Porque para lo que imaginamos, lo que tenemos no nos alcanza —dijo Pepe, aterrizándonos.

—Los conseguiremos.

Y así nació Tanta. Un restaurante que hoy vive un hermoso momento viajando por el Perú y el mundo con su propuesta peruano-universal, casera y sencilla. Incorporando productos artesanales, recetas caseras olvidadas, platos de aquí y de allá que revisamos y recreamos a nuestro estilo, con la misma ilusión de niño del primer día. De aquel niño que un día se despidió de casa cargando consigo sus nostalgias, sus sabores. El amor.

Foto: Tanta.

RECETA: EL ASADO TANTA

Compramos un asado pejerrey entero. Lo remojamos en agua con abundante sal por un par de horas. Luego lo escurrimos y doramos en una olla por todos lados. Retiramos y en la olla sudamos lentamente cebolla picada muy finita con ajo molido. Añadimos ají panca licuado y seguimos sudando. Agregamos un poquito de apio rallado, zanahoria rallada y una mezcla de tomate con pimiento rojo licuado. Seguimos sudando y regresamos el asado pejerrey. Echamos un chorro de vino tinto, una hoja de laurel, un par de hongos secos, pimienta, probamos de sal y cubrimos, si fuese necesario, con un poco de agua. Ha llegado el momento de cocerlo a fuego muy, muy lento hasta que la carne se pueda cortar suavemente con un cuchillo. Es decir, no queremos que la carne esté deshilachada sino suave y jugosa a la vez. Cortamos en rodajas, probamos la salsa de sal y dejamos las rodajas para que se remojen bien en la salsa caliente. Cocemos papas amarillas que pelaremos muy rápido una vez que estén cocidas y pasaremos aún calientes por el prensapapas dos veces y, ahí mismo, todavía calientes, le echamos la leche y mucha mantequilla, batiendo bien. Probamos de sal y listo. Servimos el asado con puré con bastante salsa y acompañamos con arrocito, salsa criolla y lo que gusten.

Buscando un nombre

—Pepito, ¿y si hacemos una cebichería?

—Pero si hay miles de cebicherías en Lima. ¿Una más? ¿No será muy arriesgado? ¿No hay demasiada competencia?

—Las hay y buenísimas, por todo Lima. Es cierto. Pero me refiero a una cebichería como tú y yo la soñamos, Pepito. La cebichería de nuestros sueños. Eso es.

—¿Y cómo sería esa cebichería de nuestros sueños?

—Productos comprados cada mañana, los más fresquitos. Cebicheros haciendo el cebiche frente al cliente, para que haya total confianza en el producto que se usa. Pescados cocinados de manera sencilla, respetando la tradición, pero también con nuestro toque. Un ambiente que recoja el espíritu de una cebichería limeña, es decir, festivo, alegre, espontáneo, colorido, luminoso. Mucho diseño, sutil, pero diseño, al fin y al cabo. Mucho detalle, cocteles divertidos, piscos punch, chilcanos, chips, salsitas, etc. Pizarras con platos que estén fuera del menú, fruto de la pesca del día. Mucha explicación del origen del producto, del pescador. Respeto absoluto y activismo en favor de las vedas. Mucho pescado entero para comer con babero. En fin. Creo que ya llegó el momento de hacerlo.

—¿Y dónde lo hacemos?

—Mira, cuando era chibolo me iba con mi bicicleta a comer cebiche de conchas negras en una carretilla afuera del mercado de Mendiburu. Te las abrían una por una. Al lado, había un puesto que daba a la calle donde vendían caldo de choros y pejerreyes enrollados. Siempre he pensado que esa zona que no tiene oferta culinaria, por su ubicación, puede ser una gran opción a futuro.

—¿La Mar? ¿Mendiburu? ¿Estás seguro?

—No estoy seguro, solo sé que por su ubicación y espíritu se me hace coherente. Vayamos a mirar locales. Hay mucho taller que quizás ya no quiera ser taller.

Corría el año 2001. La democracia peruana, aún débil, se enrumbaba nuevamente hacia unas elecciones que vislumbraban un panorama incierto para el futuro del Perú. Estábamos llenos de sueños, solo que...

—Pepito, tenemos un capital muy pequeño. Pensándolo mejor, creo que apostar todo lo que tenemos en una cebichería ahora, con tanta cebichería, en un momento de incertidumbre y en una zona aún poco conocida, es mucho riesgo. Mejor lo dejamos para otra ocasión. Hagamos esa pastelería de la que tanto hemos hablado. Vayamos a Surco y hagámosla.

—Creo que tienes razón. Es lo mejor.

Pepe Cárpena venía de una larga carrera en las pastelerías Cherry. Gracias a su generosidad, Astrid pudo conseguir allí un trabajo, su primer trabajo en Lima, cuando ella estaba embarazada de nuestra hija Ivalú. Yo aún no tenía trabajo y ambos no teníamos un centavo para progresar en nuestro sueño del restaurante propio. Solo muchas ganas, mucha fe, mucho amor.

Con los años, abrimos el restaurante en Miraflores. Sin embargo, a Pepe le empezó a ir mal en sus nuevos negocios. Un día, se apareció en el restaurante. La cosa andaba de mal en peor.

—Gastón, necesito comenzar nuevamente.

—Puedes empezar ahora mismo, Pepe. Luego vamos viendo qué podemos hacer. ¿Una pastelería quizás? Como Fauchon, como esas de París que además venden comida y productos. Pero eso sí, la nuestra con productos del Perú. Pero dejemos eso para más adelante. Ahora bienvenido a casa.

Después de todo, cómo olvidar aquella etapa en que sin pedir nada, la mano de Pepe nos cambió la vida en su periodo más difícil. No era momento de hacer preguntas. Era momento de agradecimiento, de lealtad. El tiempo se encargaría de hacernos socios.

Pasaron unos meses y la idea de hacer algo nuevo con el apoyo de Pepe iba tomando cada vez más forma. ¿Una pastelería restaurante? ¿Una cebichería? Al final, las circunstancias del momento inclinaron la balanza hacia la primera. Es así como, un año después, nacería Tanta, en Chacarilla.

Fue recién en el año 2005 cuando nos animamos a retomar el sueño original de la cebichería. Regresamos a la idea de hacerla en La Mar y nos encontramos con que ya había alguien que había pensado como nosotros: Pescados Capitales. Y vaya que le iba bien. Descubrimos que antes de ellos, mucho antes, el restaurante La Red había estado allí dando la batalla. En resumen, el momento había llegado. La cebichería de nuestros sueños se haría realidad en la avenida La Mar.

—¿Cómo la llamamos, Pepe? Nos falta el nombre.

Buscábamos y buscábamos nombres hasta que un día, mientras conversábamos en la calle, en la esquina del local, de pronto miramos hacia arriba y vimos el cartel que anunciaba su nombre: Av. General La Mar.

—Pepe, mira, La Mar. ¿Acaso no es así como los pescadores llaman al mar? ¿En femenino? ¿Acaso no es el nombre de nuestra calle por coincidencia? ¿Acaso no es fácil de pronunciar para otros idiomas?

—Y ¿por qué son importantes otros idiomas?

—Pepito, tenemos que soñar. Un día las cebicherías peruanas estarán en todo el mundo. La Mar. Tenemos nombre. Se llamará La Mar.

RECETA. PEJERREYES ENROLLADOS

Compramos una docena de pejerreyes muy frescos, le pedimos al pescadero que los limpien de espinas y dejen los filetitos unidos. Los sazonamos con sal, pimienta, los rellenamos con una salsa chalaca y los enrollamos con un palito. Los cubrimos con una mezcla de jugo de limón, ají amarillo y sal. Los bañamos todos con salsa chalaca y los dejamos macerando un par de horas. Los servimos en una fuente con toda su salsa y la chalaca por encima.

LA VARIANTE

PEJERREYES ENROLLADOS AL SILLAO

Seguimos la receta anterior de la misma forma, solo que en vez de ají amarillo le añadimos abundante sillao al limón y un toque de aceite de ajonjolí. A la chalaca le agregamos kion rallado y abundante cebollita china. Luego, seguimos con el mismo procedimiento que la receta anterior.

La mar serena

Dicen que cuando uno se va haciendo mayor, la vida pasa aún más rápido. Que aquellos momentos de cuando éramos niños, en que los días parecían interminables, los veranos eternos y la vida infinita, se parecen poco a los días de la edad madura, cuando cada minuto cuenta para intentar vivir a plenitud.

Quizás por eso me parece que fue ayer aquella mañana de hace casi 15 años, cuando reunidos con todo el equipo fundador de la cebichería La Mar, y faltando pocos minutos para abrir por primera vez, pude animarlos y arengarlos en la misión que debían enfrentar desde que recibieran a los primeros comensales.

Recuerdo las palabras con emoción:

Chicos, esta cebichería nace con nobles batallas por librar que van mucho más allá de convertirnos en un restaurante exitoso.

Lo primero es que La Mar nace con el sueño de que un día el mundo se enamore del cebiche y que, poco a poco, en cada ciudad del planeta, podamos encontrar una cebichería liderada por compatriotas que encuentran en ella una oportunidad para representar a su país, mientras sacan adelante a sus familias.

Lo segundo es que esta cebichería debe establecer una alianza sincera con el pescador artesanal, comprándole directamente a un precio justo por su producto y animándolo a respetar tallas mínimas y métodos sostenibles de pesca.

Lo tercero es que esta cebichería debe participar activamente en cuanta campaña se haga en favor de las vedas y preservación de nuestras especies marinas en un mar cada día más golpeado por la pesca indiscriminada.

Por último, esta cebichería llega a una calle como la avenida La Mar, con gran potencial de crecimiento, pero debemos agradecer a los pioneros que aquí estuvieron siempre, compartiendo con ellos clientes y oportunidades, porque en la cocina peruana no competimos, sino compartimos para crecer todos juntos.

Si logramos cumplir estas batallas, no sé si tendremos éxito, pero, en todo caso, habremos cumplido con la misión para la cual esta cebichería fue soñada. Así que, chicos, adelante.

Y aquí estamos, casi 15 años después. Con un mundo enamorado del cebiche, con cebicherías abriéndose paso en todos los países, con el cebiche presente hasta en los menús de los restaurantes de otras cocinas, convertido en el gran embajador del Perú.

Casi 15 años después, hemos podido consolidar la alianza cocinero pescador, desde la comunidad de pescadores de Paracas o de Marcona, los extractores de camarones en las alturas de Cotahuasi, y la pesca de Cerro Azul o del muelle artesanal de Chorrillos. Una relación en la que el pescador obtiene el valor justo, el cocinero tiene en sus manos lo mejor del mar y el comensal recibe en su mesa un plato delicioso y sostenible.

15 años en que los resultados, no siempre exitosos, en las acciones de conservación, desde la veda del camarón a la recuperación de la concha negra o del chanque, nos obligan a seguir en la batalla frente a un mar que pide a gritos vedas para todas sus especies.

15 años de aquellos días en que bajo el lema «No competir, sino compartir», nos enviábamos clientes con nuestros vecinos de la cebichería La Red, con el sueño de que ocurriera lo que ocurrió, una avenida La Mar que pasó de tener solo tres restaurantes a tener más de 40, además de tiendas, oficinas, nuevos edificios y comercios diversos, trayendo valor y prosperidad a un barrio que dejó atrás los problemas de antaño.

15 largos años en los que hemos visto crecer a muchos del equipo fundador, trabajadores que hoy son líderes o propietarios de sus propias cebicherías, proveedores que empezaron chiquitos y ahora son grandes. Comensales que llegaron jovencitos y hoy vienen con sus familias.

Ayer, 15 años después, el actual equipo, liderado como siempre desde el primer día por el gran Pepe Cárpena, recibió una vez más la distinción de la cebichería del año. Un premio que es fruto del esfuerzo diario de todo su equipo, que lo recibe con humildad, consciente de que aún quedan enormes batallas por librar para que nuestro mar sea sostenible, para que el cebiche del Perú siga avanzando por el mundo, para que nuestros pescadores puedan mejorar sus vidas, para que su barrio siga prosperando y para que La Mar continúe el camino trazado desde el primer día: ser una embajadora de buena voluntad del Perú.

Para celebrarlo, compartimos una de las recetas favoritas de La Mar, que además es muy sencilla de hacer en casa.

RECETA: CONCHAS A LA BRASA

Mezclamos 1 cucharada de mantequilla en punto de pomada con 1 cucharadita de ají panca, sal, pimienta, gota de limón y gota de sillao. Limpiamos las conchas, las dejamos en su concha y las llevamos a la parrilla, a fuego fuerte, del lado de la concha por 1 minuto. Las volteamos y le echamos la mezcla de mantequilla, cuidando que su juguito no se chorree. Cuando empiece a hervir el juguito, están listas. Añadimos al final un chimichurri chalaco que hacemos mezclando al toque, ají limo, cebolla, culantro, perejil y orégano, todo picado finito con gotas de vinagre, un chorro de aceite y sazonamos con sal y pimienta.

Capítulo IV

La cocina, orgullo del Perú

Foto: Fundación Pachacútec.

Compartir, no competir

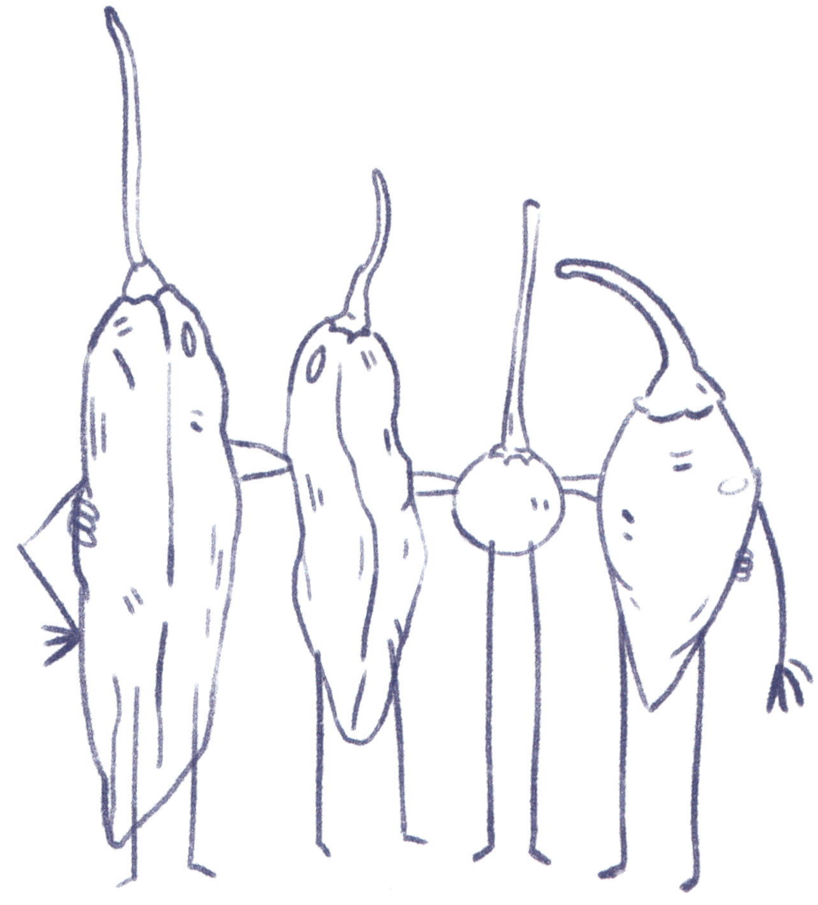

De regreso a Lima, luego de varias entrevistas promoviendo nuestro querido Perú, una pregunta se repitió constantemente. ¿Cómo es que el Perú ha sido el único país que, en los últimos diez años, ha logrado internacionalizar su cocina sumándose a los diez países que ya lo habían logrado antes?

Teniendo en cuenta que muchos otros países que cuentan con una buena cocina y con mucho más desarrollo económico lo han intentado y no lo han logrado, ¿cuál fue el secreto del Perú?

Una biodiversidad única que nos permite contar con una variedad abundante y exclusiva de ingredientes. Sin duda.

Una diversidad cultural que supo integrar todas las migraciones foráneas con las culturas propias en un universo de sabores peruanos notable. Por supuesto.

Pero otros países también tienen ingredientes y cultura. Hubo seguro algún ingrediente adicional, ¿cuál fue?

Y la respuesta siempre es la misma.

Se nos enseña que tenemos que competir contra otros, que hagamos lo que hagamos debemos imponernos sobre los demás para poder tener éxito. Y si crecemos y nos va bien, se nos enseña que debemos ir aún más allá y tenemos que dominar el mercado en el que participamos, tratando de sacar del juego a la supuesta competencia, siendo nuestro éxito mayor controlar la actividad en la que nos toca participar.

Esto nos lleva a creer que solo ganándole a otro o solo con el fracaso del otro es que podremos tener éxito personal y alcanzar nuestros sueños.

Pues en la cocina peruana intentamos hacer lo opuesto.

Y lo hicimos no recientemente, sino desde siempre. O, acaso, ¿no es cada uno de nuestros platos un fiel reflejo de cómo se pueden lograr cosas bellas cuando cada peruano, en vez de enfrentarse, pone un poquito de sus raíces para dar vida a algo que nos represente a todos?

¿Acaso no es eso nuestro cebiche de ajíes del Perú y limones llegados de lejos? ¿No es eso nuestro lomito saltado de wok y sazón criolla?

Todos nuestros platos son eso, hijos de esa frase que inspiró el trabajo hecho en los años recientes: compartir, no competir. De la certeza de que, al compartir conocimientos, oportunidades, éxitos, fracasos, podríamos avanzar juntos en aquel sueño, hoy realidad, de que un día la cocina peruana sea reconocida en todo el mundo.

Y eso hicimos. Cada uno en su trinchera. Sea en la televisión, usando nuestros programas no para promover nuestro trabajo, sino el trabajo de cientos de cocineros que intentan salir adelante.

Sea en ferias, como en las primeras ediciones de Mistura, cuando todos, sin condiciones, nos pusimos a trabajar *ad honorem*, sin cobrar un centavo, para sacar adelante un evento que sirviera de vitrina para el trabajo de miles de compatriotas. Sea saliendo por el mundo en equipo, intentando llevar un mensaje de unión a los cocineros peruanos que lejos de su patria intentaban abrirse un camino. Sea dando un paso al costado, trabajando mucho para que las generaciones más jóvenes brillen más y logren más éxitos que los mayores, sin temor a ser opacados. O sea, en lo más sencillo, simplemente ayudándonos entre cocineros que hacen lo mismo: restaurantes vecinos, alianzas productivas y todo lo que hiciera falta para poner por encima de los sueños personales el gran sueño colectivo de ver al Perú presente en el mundo a través de su cocina.

Ese fue quizás el secreto que se sumó a nuestra riqueza de ingredientes y recetas heredadas de nuestros abuelos. Compartir ese guisito familiar en casa, ese pollito entre amigos, ese picante en la taberna, como una suerte de antídoto contra la mentalidad competitiva y que nos permitiera crecer juntos.

El camino es aún largo, las tareas pendientes todavía son muchas, pero unidos seguiremos en la ruta para que los que vengan detrás brillen más. Juntos hacia un sonoro ¡Arriba Perú!

Y hablando de compartir, aquí compartimos una de las recetas más preciadas de la casa de mi infancia: un picante de pallares con pollito al maní.

RECETA: EL PICANTE DE LA UNIÓN

En una olla hacemos un aderezo con 1 cucharada de ajo molido, 1 taza de cebolla picada finamente, 1 taza de ají amarillo licuado, 1 chorro de aceite y condimentamos con sal, pimienta y comino al gusto. Añadimos luego un puñado de culantro picado finito, 4 tazas de pallares verdes, 1 taza de agua o caldo y cocemos los pallares. Al final, echamos un buen chorro de leche evaporada, un ají amarillo cortado en tiras, más culantro picado y probamos de sal. Damos un hervor y listo. Aparte cortamos un pollo en 8 trozos, lo sazonamos con sal y pimienta y doramos en una olla. Retiramos las presas y hacemos un aderezo en la misma olla con 1 cucharada de ajo molido, 1 cebolla picada finamente, 1 taza de ají panca licuado y sazonamos con sal, pimienta y comino al gusto. Agregamos un chorro de chicha de jora o cerveza. Sumamos culantro picado, echamos ½ taza de maní tostado molido, mezclamos, regresamos las presas, dejamos cocer unos minutos, probamos de sal y listo. Servimos el picante en una fuente y al lado el pollo con toda su salsa. Acompañamos con arroz blanco.

Pobre cau cau

En el Perú, amamos tanto la cocina que le hemos dedicado casi un vocabulario entero para expresar, con palabras culinarias, sentimientos que nada tienen que ver con ella.

Por ejemplo, cuando decimos, «¡habla, causaaa!», no estamos pidiéndole a una causa limeña que hable, sino que estamos saludando con cariño a alguien que nos alegra encontrar. Cuando decimos «¡chaufa, amigo!», no le estamos pidiendo a un amigo que nos invite un arroz chaufa, sino que nos estamos despidiendo de él. Si murmuramos «anticucho» es porque sospechamos que hay algo oscuro. Si decimos «cancha», nos referimos a la abundancia de algo. El «apanado» es pegarle a alguien entre varios. «Yuca» es algo difícil; «papaya», algo fácil. Y así podríamos seguir y seguir.

De todas estas expresiones, existe una que en realidad ahonda en la injusticia, pues se refiere a uno de los platos más controvertidos de nuestra cocina. Cuando decimos «¿cuál es tu cau cau?», en realidad no queremos ser amables, sino que estamos increpando a alguien; le decimos: «¿Cuál es tu problema?». «¿Qué tienes?». «¿Qué te metes conmigo?». «¿Cuál es tu cau cau?».

Pobre cau cau.

Quizás sea por la textura del mondongo, solo vencible tras largas horas de cocción. Quizás por el olor intenso que impregna toda la casa mientras hierve. Quizás por la creencia de que cuando uno come panza, le saldrá panza. O, tal vez, porque se sigue condenando la menudencia al látigo de la indiferencia.

El hecho es que al delicioso cau cau, cuando es amado, lo idolatran; pero cuando es odiado, se ensañan con él.

Es cierto, no es fácil encontrar un cau cau en su punto. El de la casa de mi niñez no era precisamente el mejor. A veces estaba duro, otras muy oloroso, otras muy aguado, otras veces con la papa demasiado rota y así.

Pero cuando uno se encuentra con ese cau cau que nació de un aderezo lentito, cargadito de aceite, ajos, cebolla, ají amarillo, su punto de sal, pimienta, palillo, con su mondongo bien cocido y picado entrando a impregnarse de ese aderezo mágico, casi sin caldo, casi como una fritanga a fuego lento, con sus papitas en el momento justo y la hierba buena generosa al final... solo podemos decir: «¡Pasu, madrina!». «¡Chévere, pajita, pulenta!». «¡Qué rico es el cau cau!».

RECETA: CAU CAU

Empezamos cocinando en agua 1 kilo de mondongo por largo rato, hasta que uno pueda cortarlo con las manos. Luego, hacemos un hermoso aderezo con 1 cucharada de ajo molido, 1 taza de cebolla roja picada, 1 taza de ají amarillo licuado, sal, pimienta blanca, comino y palillo al gusto. Dejamos que el aroma de este aderezo impregne toda la casa durante 15 minutos y le echamos el mondongo picado con solo un chorro de su caldo de cocción. Dejamos cocinar unos minutos más para que se mezclen bien el aderezo y el mondongo, y echamos 2 papas blancas grandes (o 4 medianas) cortadas en dados, además de abundante hierbabuena recién picada. Cuando la papa esté cocida, probamos la sal y, al final, volvemos a añadir hierbabuena picada y dejamos entibiar un ratito para que todo se asiente. Servimos con su arrocito blanco.

LAS VARIANTES

CAU CAU DE CONCHAS

Seguimos la receta del cau cau de mondongo, pero eliminamos el mondongo y cambiamos su caldo por uno de verduras. Echamos 24 conchas de abanico crudas sin caparazón a último momento, cuando las papas estén listas.

CAU CAU DE POLLO

Reemplazamos el mondongo por pechuga o filete de pierna sin piel. Añadimos caldo de pollo en lugar del de mondongo y echamos el pollo junto con las papas. El resto es similar.

Los pioneros

La cocina novoandina no fue un invento creado por los cocineros de nuestra generación.

La cocina novoandina fue una propuesta ideológica conceptual creada en los años 80 por Don Cucho La Rosa y Bernardo Roca Rey, primero en el restaurante El Comensal y luego, en los 90, por Don Cucho, en el restaurante Pantagruel.

Fueron ellos quienes encendieron el fuego. Quienes se adelantaron a su época, mirando hacia dentro en una búsqueda valiente por redescubrir nuestros productos milenarios para llevarlos a la gran cocina.

Al comienzo, como todo adelantado, fueron incomprendidos por unas élites acostumbradas a mirar hacia afuera antes que hacia dentro, en casa. Sin embargo, la semilla que sembraron fue la señal más poderosa que hayamos podido recibir para continuar sus mensajes años después, en un mundo que se antojaba más propicio para poder recibirlos y acompañarlos.

El quinoto, el maki novoandino, el uso de la chicha en el pan, de las hierbas y los tubérculos como acompañamiento de pescados poco conocidos, el retorno vibrante de la alpaca y el cuy, y mucho, mucho más. Todo ello se lo debemos al valor, la tenacidad y la visión de dos peruanos ejemplares que fueron los auténticos revolucionarios que luego darían vida a una nueva manera de relacionarnos con nuestros productos, nuestra cocina y nuestro futuro.

Hoy, la cocina novoandina ocupa solo un espacio dentro de todas las cocinas peruanas. Pero lo que ella generó en términos de revaloración de lo nuestro se irradió a toda la cocina en general. A los productos, los productores, los cocineros y los comensales.

Por ello, en estos tiempos de tantos avances, premios y cambios, es importante recordar a quienes fueron los pilares de todo lo que luego aconteció. A Isabel Álvarez, desde su señorío; a nuestra querida Teresa Izquierdo, desde su rincón; a la gran Sonia, desde su Chorrillos; quienes nos recordaban lo vital que es poner en valor nuestra tradición. A don Humberto Sato, que elevaba la cocina nikkei a una categoría de excelencia y orgullo. A Marisa Guiulfo, cuyo ejemplo de perfeccionismo y trabajo inagotable sigue vivo y latente. A Emilio Peschiera, que tuvo la rebeldía de poner en Santiago de Chile un restaurante peruano, mejor que el mejor de los restaurantes franceses. A Javier Wong, quien presagió que el cebiche un día sería un gran plato mundial. A La Lucila y sus amigas picanteras en Arequipa, que defendieron la picantería contra viento y marea. A la familia Solís, en Chiclayo y Lima, por darle el valor que se merecía a una cocina tan refinada como la chiclayana. Todos ellos son los que cimentaron lo que hoy vivimos.

Gracias a ellos podemos hoy mirar un futuro que está lleno de enormes batallas por librar, confiados en que las enfrentaremos con ilusión, humildad y compromiso.

Por siempre, gracias.

LOS LOCROS DEL PERÚ DE HOY

EL DE SIEMPRE DE ZAPALLO

En una olla echamos un chorro de aceite y añadimos 1 taza de cebolla roja picada muy finita. Sudamos 5 minutos y añadimos 1 buena cucharada de ajo molido. Sudamos 2 minutos y añadimos 1 taza de ají amarillo licuado. Seguimos sudando por 5 minutos a fuego lento, y añadimos 2 tazas de zapallo macre picado. Agregamos un chorro de agua. Cocemos 15 minutos y sumamos 4 papas peladas y picadas, 1 taza de habas y 1 taza de choclo desgranado. Echamos sal, pimienta blanca, una pizca de comino, una pizca de palillo y ½ taza de huacatay picado. Dejamos hervir y que todo coja cuerpo y sabor. Al final, agregamos un buen chorro de leche evaporada, 1 taza de queso fresco picado en daditos, más huacatay picado y, si gustan del picante, una rodaja de rocoto. Dejamos reposar 1 minuto y listo para ser servido, montado con un huevo frito y acompañado con arroz.

LAS VARIANTES

EL DE QUINUA

Seguimos la receta anterior, solo que añadimos junto con el zapallo y las papas, 1 taza de quinua blanca cocida. El resto del procedimiento sigue igual.

EL DE MI CASA DE CAIGUA

Tal cual se hace con el locro de zapallo, solo que añadimos 2 tazas de caigua cortada en tiras junto con los zapallos. El resto es similar.

EL FINÍSIMO LOCRO DE CAMARONES

Se hace el locro de zapallo según la receta, solo que al aderezo se le echa el coral de las cabezas de 24 camarones. Se moja con caldo hecho con las mismas cabezas y, en el último hervor, se agregan las colas de camarones peladas.

Tremendo sancochado

Cuando dos personas tienen un romance furtivo, la gente murmura a su alrededor: «Esos dos tienen su sancochado». Cuando alguien hace un trabajo confuso o incomprensible, todos rajan a sus espaldas diciendo: «¡Qué sancochado ha hecho este!». Cuando una persona es sospechosa de cometer un hecho no muy santo, entonces todos susurran: «¡Ese pata tiene un tremendo sancochado». O cuando alguien arma un lío o pleito innecesario, al final todos lo terminan señalando como el culpable del «sancochado» en cuestión.

Tremenda injusticia para el sancochado que, más bien, es un señor de señores, un caballero a carta cabal, un ciudadano de palabra y honor, siempre listo para tender una mano allí donde haga falta. Es miembro ilustre de una familia de abolengo cuyas ramas se extienden por todo el mundo: los cocidos en España o el bollito misto, en Italia. Su presencia inconfundible se hace notar, sobre todo cuando llegan el invierno y esa neblina limeña que lo matiza todo. Se esmera al máximo en épocas de fríos intensos, lo entrega todo para cumplir su gran misión, la de reunir a fieles seguidores de calditos contundentes.

Primero, llama a los más humildes y abnegados: el pecho, el cogote, el costillar, la lengua, el poro, el apio, la col... y los invita a hacer un caldo suave, sereno, profundo, que se sirve humeante en tazón generoso. Esa es la regla. Luego, los acomoda con elegancia para llamar a sus amigos, la papa, el choclo, el zapallo, la yuca, la zanahoria, siempre listos para sumarse a la gran causa. Finalmente, llama a sus amigas más traviesas, las salsas, cuya misión es hacer sonreír a carnes y verduras, la huancaína, la ocopa, las cremas de rocoto y huacatay. Y listo. Incluso a veces, cuando amerita celebración, el sancochado se viste de gala, invitando al osobuco, el codillo, la gallina, como queriendo convencernos a todos de que él es el amigo que todos quisiéramos tener: el que te levanta en las malas y te aplaude en las buenas. Larga vida al sancochado.

RECETA: SANCOCHADO CLÁSICO

En una olla con abundante agua cocemos a fuego lento 2 kilos de carne de punta de pecho de res. Cuando la carne esté suave, la retiramos y la reservamos con un poco del caldo. En la misma olla donde la cocimos, echamos 4 zanahorias grandes peladas y cortadas en 2, luego 4 poros, 4 tallos de apio, 1 nabo grande pelado cortado en 2 y 4 rodajas de zapallo grandes. Vamos retirando según las verduras estén cocidas. Después añadimos 2 papas blancas grandes peladas y cortadas en 2, 4 trozos de yuca amarilla pelada, y ¼ de col. Cocemos y retiramos a medida que cada uno esté cocido. Cocinamos aparte 2 camotes que luego pelamos y cortamos en 2, y 2 choclos que cocemos y cortamos en 2. Sazonamos el caldo con sal y pimienta blanca y le damos un buen hervor. Servimos las verduras y la carne en una fuente, espolvoreamos todo con sal gorda y servimos el caldo en tetera bien caliente. Acompañamos al centro de la mesa con salsa huancaína, ocopa, rocoto licuado, rodajas de limón y más sal gorda al gusto.

LA VARIANTE

SANCOCHADO DE DOMINGO

Un sancochado especial como para abrigar y alegrar a toda la familia en domingo. En una olla echamos abundante agua y cocinamos 2 kilos de huesos de res (hueso manzano). Cocemos desde temprano en la mañana por unas 3 horas. Colamos. En ese caldo resultante cocemos 1 kilo de punta de pecho, 1 kilo de asado de tira, 1 kilo de cogote de res, 1 pollo entero, 1 kilo de lengua de res, y 1 kilo de panceta de cerdo. Vamos retirando las carnes a medida que estén cocidas, suavecitas. Solo la lengua es mejor cocerla aparte porque demora mucho más. Además, es opcional. En la misma olla echamos las mismas verduras de la receta anterior, solo que añadiremos a la fiesta dos nuevos ingredientes: 4 papas huayro (que sumamos a las papas blancas) y 4 duraznos. Servimos los vegetales, por un lado; por el otro, las carnes. Bañamos todo con un poco de caldo caliente y espolvoreamos con sal gruesa. Calentamos el caldo y le agregamos un poco de arroz cocido y otro de garbanzos cocidos. Al final, sumamos un poco de rocoto, cebolla blanca, perejil y hierbabuena, todo bien picado, y gotas de limón. Acompañamos con huancaína, ocopa, rocoto molido, salsa de huacatay y salsa chalaca. Muchas salsas, que es domingo.

Pachacútec, una realidad

Foto: Fundación Pachacútec.

El Instituto de Cocina Pachacútec nació en el 2007 y sigue siendo una inspiración para nosotros y para el mundo.

Soñé con ser cocinero desde que era muy niño. Un sueño que pude hacer realidad gracias a que mis padres contaban con los recursos económicos para apoyarme.

Cuando nuestro camino como cocineros peruanos que representaban al Perú empezó a hacerse más fácil y seguro, decidimos crear el instituto de cocina Pachacútec, sumándolo a la Fundación Pachacútec, fundada por Santos Toledano, con el objetivo de crear oportunidades para aquellos jóvenes que soñaban con ser cocineros, pero que no contaban con el apoyo económico para hacer su sueño realidad.

Hoy, varios años después, cientos de jóvenes peruanos lograron culminar su carrera en el instituto e iniciar una profesión que en muchos casos los ha llevado por todos los rincones del mundo. Algunos de ellos ya son jefes de cocina reconocidos, otros están en camino a serlo y hay quienes incluso ya son propietarios de sus propios restaurantes.

Sin embargo, sabemos que esta iniciativa no es suficiente, comparada con todo el talento que habita en nuestros jóvenes y que por falta de oportunidades se pierde en el camino en el Perú, no solo en la cocina sino en toda actividad.

Cuántos niños llenos de talento para el deporte, las artes, las ciencias, las letras..., al final se dedican a algo para lo que no nacieron por falta de oportunidades.

Imaginamos que Pachacútec serviría de prueba para que el Estado se anime a hacer una red de centros de formación técnica, allí donde haya una oportunidad para desarrollar el turismo, de manera que mientras cumple su rol social, crea las condiciones necesarias para el desarrollo turístico del lugar. Algo que ocurre en todos los países que ven el turismo como una oportunidad de desarrollo. Sin embargo, salvo Pachacútec, no existen de momento en el Perú centros de formación técnica en gastronomía dirigidos a jóvenes de escasos recursos económicos que les den una oportunidad para convertirse en cocineros.

Si los hubiera, muchos casos de jóvenes que salen adelante ya serían un ejemplo, como lo que ocurrió con Gerson Atalaya, quien me escribe desde Luxemburgo:

«Tengo 23 años y actualmente soy jefe de cocina de un hermoso restaurante en Luxemburgo, el objetivo es ser embajador de nuestra cultura y que sepan que los egresados de Pachacútec lo estamos logrando. Pachacútec me cambió totalmente la vida, rescató a un adolescente que no aspiraba a nada y lo convirtió en una persona con valores, que busca ser cada vez una mejor versión de sí mismo».

O como Miguelito Intiquilla, el rey del arroz con pollo, un joven peruano, sensible y muy talentoso exalumno de la primera promoción de nuestro instituto Pachacútec y que hoy, luego de varios años de una línea de carrera conseguida con disciplina, humildad y esfuerzo, es el jefe de cocina del restaurante Panchita, de Miraflores.

Y como ellos, cientos de ejemplos que son la prueba palpable de que si un joven peruano recibe la oportunidad para prepararse en desarrollar sus talentos, es capaz de aprovechar la oportunidad y alcanzar sus sueños. Ojalá pronto, no solo en la cocina, sino en todas las actividades posibles, haya muchos más Pachacútec.

RECETA: ARROZ MIGUELITO

Lo primero es dorar en una olla con un chorrito de aceite 4 buenas presas de pollo previamente sazonadas con sal y pimienta. Doramos primero el lado de la piel, luego el otro. Las retiramos y en la misma olla dejamos la grasita que soltó el pollo para hacer un aderezo. Primero, echamos ½ taza de cebolla morada picada finita para que se cocine por 3 minutos y agregamos 1 cucharada de ajo molido que dejaremos 1 minuto, para luego aumentar con ½ taza de ají amarillo licuado. Ahora, esperamos 10 minutos a que cocine a fuego lento y sazonamos con sal, pimienta y comino. Pasado este tiempo, es momento de agregar ½ taza de culantro licuado, cocemos 2 minutos y bañamos todo con 1 botella chica o 1 lata de cerveza rubia o negra. Damos un hervor y añadimos 1 taza de caldo o agua por cada taza de arroz, aunque esto dependerá del tipo de arroz. Deberán probar cuánta agua necesita su arroz favorito. Incorporamos 1 taza de arvejas, ½ taza de choclo desgranado, 1 zanahoria picada en daditos, 1 pimiento y 1 ají amarillo, ambos cortados en tiras. Cocemos por 5 minutos más, probamos la sal y listo. Ahora toca echar 2 tazas de arroz bien lavado. Removemos, dejamos que rompa a hervir y bajamos el fuego. Tapamos y cocemos a fuego suavecito hasta que seque. No pidan tiempos, solo vigilen, observen y prueben su propio arroz. En todo caso, puede ser un promedio de entre 12 a 15 minutos. Luego, con un tenedor, removemos todo el arroz con cuidado, volvemos a tapar por unos minutos más y listo. Aparte, para el pollo, hacemos una salsa de escabeche con cebollas, ajíes en tiras, toque de vinagre y ají panca licuado. Bañamos con esto el pollo y dejamos que se cocine durante 5 minutos. Servimos el arroz con su pollito escabechado encima, con una salsita criolla de cebolla, ají, culantro y limón; o, por qué no, con su papita a la huancaína al lado. O con ambos.

Mamá Teresa

Foto: archivo personal de Elena Izquierdo.

Teresita y su hija Elena, quien ha seguido sus pasos con sabiduría y amor.

Entre Teresa Izquierdo, la madre de la cocina limeña, y su hija Elena, no cabía más que una palabra: amor. Un amor que lo llenaba todo y que se dejaba sentir nada más al entrar a ese rinconcito que juntas hicieron florecer hasta convertirlo en el restaurante de sus sueños: El rincón que no conoces. Un amor al que Teresita supo aferrarse desde muy niña, cuando, siempre con una sonrisa, decidió no dejarse intimidar ante las señales y pruebas que el destino le pondría en el camino.

Después de todo, el racismo y la discriminación hacia su origen afroperuano aún imperaban en una sociedad que, durante más de 300 años, permitió que existiera la peor de las condiciones humanas: la esclavitud. Aún no eran tiempos como los de nuestros jóvenes de hoy, que celebran sin miedo su identidad. Aquellos fueron tiempos muy difíciles, que Teresa supo enfrentar siempre con ese optimismo contagiante, tan propio de ella, que iluminaba todo a su paso.

Y a su lado, Elenita, aprendiendo todas esas recetas criollas que Teresa dominaba a la perfección y, en especial, recibiendo ejemplo diario de coraje, perseverancia y amor. Amor al trabajo, amor a las personas, amor a la vida.

Hoy queremos rendir un pequeño homenaje a su memoria con una de las recetas que ella más quería, la de sus deliciosos picarones.

RECETA: PICARONES

Lo primero es cocer ½ kilo de zapallo y ½ kilo de camote que luego licuamos. Colocamos el puré resultante en un bol al que le echamos 50 gramos de levadura fresca que habremos diluido en un chorrito de agua y una pizca de azúcar. Echamos ahora 1 kilo de harina sin preparar y amasamos con fuerza en el mismo bol, cuidando de lograr una masa que esté semilíquida, y añadiendo un chorrito de agua infusionada con anís. Cuando la masa solita empieza a hacer huecos como los de un volcán, es momento de taparla y dejarla reposar por un par de horas. Mientras, hierven la miel de chancaca con hojas de higo y las especias que más gusten en casa. Calentamos una paila con aceite y freímos los picarones echando un poquito de masa a la que con el dedo y la ayuda de un palito vamos haciendo el hueco. Pero no se preocupen si no les sale a la primera. Porque el hueco del picarón se domina solo con paciencia y perseverancia. Lo importante es que sus primeros picarones salgan ricos, crocantes por fuera y ligeros por dentro. Si salen sin hueco, solo sonrían, como Teresita cuando algo no iba bien, sonrían y sean felices.

Mistura, una feria que sueña con ser mundial

Foto: © Enrique Castro-Mendívil. PROMPERÚ.

Primera edición de Mistura, en setiembre del 2008, en la que productores y cocineros compartieron el mismo espacio.

Hace unos años, en nuestro taller en Barranco, sentados en una gran mesa rectangular, mi socio Irzio Pinasco y yo imaginamos una feria.

La cocina peruana vivía un momento intenso, lleno de oportunidades que estaban listas para iniciar su camino, pero que en algunos casos requerían de esa señal que la vida a veces nos pide para dar ese paso sin vuelta atrás. Ese paso definitivo hacia adelante.

Una feria, dijimos. Eso es lo que necesita nuestra cocina en este momento de definiciones.

Una feria que traiga a pequeños productores de todo el Perú para que la ciudad los descubra, los abrace, los aplauda y, con ello, acercar esas distancias que tantas heridas dejaron en el camino.

Un espacio en el que todos esos cocineros que sentían que su trabajo no era dignificado con justicia, de pronto encontraran en la feria una oportunidad para darse a conocer, para ser queridos en un escenario en el que, por ejemplo, aquella señora cocinera de anticuchos hasta ese momento anónima, de pronto fuese aplaudida con el mismo fervor que aquel gran cocinero encumbrado en su hermoso restaurante. O para que ese restaurante famoso en su barrio por hacer el mejor ají de gallina tuviera el reconocimiento nacional que le permita crecer.

Una feria en la que los peruanos pudieran celebrar la cocina peruana en todos sus frentes, unidos, sin importar diferencias, abrazados en torno a un sentimiento de orgullo que sentíamos que para ese entonces ya había calado hondo, pero que requería de un espacio para comprobarlo.

Una gran y hermosa feria que poco a poco se convirtiera, además, en una vitrina de promoción de nuestra cultura en el mundo, de manera que año tras año atrajera a miles de personas que, al retornar a su tierra, se convirtiesen en enamorados embajadores del Perú. Una feria que fuese finalmente ese gran espacio que terminaría de unir a todos los que formamos parte de la cocina peruana en torno a un mismo camino, un mismo sueño. Y nos pusimos a trabajar.

Conscientes de que teníamos un sueño pero que este no tenía recursos, hicimos una primera donación importante para que el sueño arrancara. Diseñamos un plan y con él fuimos a tocar puerta por puerta, explicando que no se trataba de un negocio. Era, al contrario, la oportunidad de unirnos en torno a un gran proyecto colectivo por el bien de un país.

Convencimos al directorio de Apega (Sociedad Peruana de Gastronomía), que habíamos fundado un año antes y que en ese entonces me tocaba presidir. A los pocos días, toda la comunidad de cocineros de Lima que trabajaba con éxito en sus restaurantes se volcaría con conmovedora entrega a trabajar gratuitamente en una feria que hicieron suya desde el primer día.

Tocamos puertas de grandes empresas a las que íbamos a contarles nuestro sueño. Recuerdo una empresa de telecomunicaciones y a su entonces gerente de *marketing*. Le expliqué con lujo de detalles todo lo que imaginábamos en aquel sueño mientras él bostezaba y bostezaba. Al final, nos dijo que ese no era un sueño, era una utopía que jamás podría realizarse. Cuánto le agradezco ese momento pues nos llenó de energía, era la gasolina que necesitábamos para ir hacia adelante. Al final, otras grandes compañías sí nos acompañarían desde un inicio.

Visitamos a la ministra de Comercio y Turismo de aquel entonces para contarle nuestro sueño. Le pedimos que nos cediera, para tal fin, una marca que en ese entonces ya tenía un camino, Perú, mucho gusto. Se sumó sin dudarlo.

Convencimos al Ejército para que fuese el Cuartel San Martín el primer escenario y, finalmente, cedimos las instalaciones de nuestras oficinas al equipo de 35 de los colaboradores más cercanos de nuestra compañía, de modo que ayudaran a operar una feria de tanta complejidad.

Y así llegamos al primer día. Sin saber si aquel sueño sería entendido por el público. Sin saber si era realmente el camino correcto, si era el momento, si todo tenía sentido.

Recuerdo que llegamos media hora antes de la hora anunciada de apertura y lo que vimos fue conmovedor: la imagen de una larga fila de miles de personas esperando que abrieran las puertas. Señoras mayores, jóvenes, parejas de esposos con sus hijos, mujeres y hombres de todas las sangres, de toda condición, esperando unidos, rompiendo barreras que parecían irreconciliables. Todos allí juntos por ese mismo sentimiento que nosotros llevábamos tan dentro.

De pronto, se abrieron las puertas y el sueño, poco a poco, fue convirtiéndose en realidad. Los cocineros del mundo enamorándose del Perú, los cocineros del Perú alentados por su gente, los pequeños agricultores por primera vez aplaudidos, el público unido sin condiciones. La magia de Mistura había iniciado su camino.

Ha pasado un tiempo y aquellos objetivos han sido cumplidos con creces. Celebrar nuestra cocina con orgullo, agradecer a nuestros productores, mostrar lo nuestro al mundo, son batallas libradas y ganadas. Por ello, años después, ya alejados de la dirección de la feria, imaginábamos a Mistura en una nueva etapa, convencidos de que su magia requería de más retos.

¿Y cuál era el nuevo sueño? Mistura, la feria de la cocina peruana, convertida en la feria de la gastronomía mundial.

Una feria a la que un día, desde todo el mundo, los países sueñen con venir con hermosos e imponentes pabellones en los que compartan con el planeta lo mejor de sus productos, sus mejores recetas, cocineros, conceptos e ideas innovadoras. Una feria en la que, desde Lima, Perú, le digamos al mundo que todos los años, en la primera semana de septiembre, se celebra la más mágica de todas las ferias, aquella en donde los países festejan unidos las riquezas culinarias y culturales de la humanidad.

Mistura, la gran feria mundial de la gastronomía, atrayendo no a miles sino a millones de personas del planeta, con todo lo que eso significaría para el Perú. Una feria en la que sin duda el Perú seguiría teniendo un rol protagónico con sus productores y sus cocineros, pero que acogería a quienes año tras año se preparan para mostrar lo mejor de sí en un espacio en que todos anhelarían participar. Una Mistura mundial desde Lima, Perú. La feria más hermosa del mundo desde Lima, Perú. Una feria que, bien encaminada, pondría a Lima, Perú, en el mapa mundial cada año. En lo más alto.

Una Mistura a la que, como en los grandes parques de diversiones, habría que dedicarle varios días para recorrer sus pabellones del Perú, Brasil, México, Chile, Argentina, Francia, Italia, China, Japón, India, Marruecos, España, Tailandia, Alemania, Corea y muchos más. Mistura, la feria que convertiría a Lima en la sede mundial de la gastronomía. Un nuevo sueño, un gran sueño que ojalá las nuevas generaciones lo hagan realidad.

RECETA: EL AJÍ DE GALLINA, CAMPEÓN DE MISTURA

Echamos en una cacerola 2 cucharadas de aceite y 1 taza de cebolla roja picada en daditos chiquitos, dejamos sudar unos 5 minutos a fuego suave y añadimos una cucharada de ajo molido. Dejamos sudar 5 minutos más y añadimos 1 taza de ají amarillo licuado y, si desean, una pizca de ají mirasol y ají panca licuado. Cuestión de gustos. Dejamos cocer todo por unos 10 minutos o hasta que los ingredientes sólidos se separen del aceite, formando una pasta punto de caramelo. Ahora, sazonamos con sal, pimienta, una pizca de comino y, si prefieren agregar un punto de color, un toque de palillo. He ahí un buen aderezo listo. Luego, echamos 4 rodajas de pan de molde o un buen trozo de pan de ayer, que habremos remojado previamente en el caldo de pollo donde cocimos las pechugas, y licuamos hasta formar un menjunje con pinta de engrudo. Dejamos cocer a fuego muy suave, raspando siempre el fondo de la olla para que el pan no se amarre ni se queme, durante unos 5 minutos. A continuación, añadimos 2 tazas de pechuga de pollo deshilachado no muy finito ni muy grueso, cocinado previamente en agua con las verduras que se encuentren en la refrigeradora: una cebolla vieja, una rama de apio marchita, un poro descuajeringado o un perejil resentido. Lo que tengan servirá. Añadimos un buen chorro del caldo y dejamos cocer todo por unos 5 minutos. Ahora, toca echar un chorro híper generoso de leche evaporada. No se queden cortos, ahí está el sabor de casa. Dejamos que coja el punto espesito y color amarillito, y es aquí cuando podría ya casi estar listo, pero si gustan pueden echarle dos ingredientes que suelen hacerlo muy especial. El primero, un buen puñado de pecanas molidas. El segundo, un poquitín de un buen quesito rallado, nuestro favorito, el mismo que usaba mi tía Teresa Izquierdo, el parmesano. Para servir, en un plato colocamos 2 rodajas de su papa favorita cocida, encima echamos el ají de gallina, adornamos con ½ huevo cocido y 1 aceituna negra. Al lado, inseparable, su arrocito blanco y a gozar.

La pandilla leche de tigre

Muchos nos preguntan por qué hemos creado este pequeño grupo llamado «La pandilla leche de tigre» y por qué viajamos por el mundo mostrándolo.

Uno de los motivos aparece en un artículo aparecido en el *Nuevo Herald* de Miami: Promocionar la cocina peruana y a todos los que hoy forman parte de ella, usando la imagen de cuatro cocineros peruanos cada vez más conocidos en el mundo y eligiendo como argumento el plato peruano que mejor nos representa en estos momentos, el cebiche.

Y es que cada vez que sale un artículo o reportaje a partir de nuestra visita, lo que logramos es que la ciudad hable de la cocina peruana, cosa que, cuando nos vamos, dejamos esa curiosidad sembrada en el comensal local.

Y es allí donde viene el segundo motivo. Porque no solo logramos que la gente de esos países acuda a los pequeños restaurantes peruanos que hoy se abren por doquier con mucho esfuerzo e ilusión. También dejamos la semilla sembrada en periodistas y el público local, para animarlos a visitar el Perú. Es decir, nuestro trabajo es además la promoción turística de nuestro país.

El tercer motivo es seguir provocando al mundo acerca de la universalidad de lo peruano. Animarlos a que incorporen el cebiche, la leche de tigre, nuestros ajicitos, en sus vidas. Que los cocineros locales, como hoy sucede en ciudades tan importantes como París, sumen el cebiche a sus menús. No importa que lo hagan a su manera. Lo que importa es que incorporen al Perú en sus vidas. Y esto importa mucho porque es de alguna forma romper con esta idea falsa y absurda de que los peruanos y lo nuestro solo podemos exportar materias primas, mas no conceptos.

Finalmente, el cuarto motivo es llevar un mensaje muy claro de lo que significa la cocina en el Perú, en un mundo en el que la mayoría de comunidades gastronómicas compiten y desconfían entre ellas. El mensaje de que, en el Perú, los cocineros no competimos sino compartimos. Que a pesar de que peleamos puestos expectantes en las listas gastronómicas del mundo, podemos viajar juntos, ser amigos, representar a nuestro país, unidos y felices. Este mensaje nos permite generar vínculos cercanos con las comunidades gastronómicas locales a las que, además, instamos a que hagan lo mismo, invitándolas a que formen sus pandillas y que nos devuelvan la visita a Lima, donde las recibiremos con los brazos abiertos para organizar su versión pandillera con sus cocinas y costumbres.

En suma, detrás de esto que parecía un juego existe toda una estrategia sana, noble y clara que tiene muchos buenos objetivos no solo para nuestra cocina, nuestros productos y nuestro país, sino también para la cocina en general. No cobramos un centavo por estas giras, muchas veces pagamos nuestros pasajes de avión y hoteles, y nos alejamos largos días de casa, a veces muy duros, subiendo y bajando en ocasiones de diez aviones en diez días. Pero lo hacemos felices, agradecidos y, sobre todo, seguros de que estamos representando a nuestro país con honor.

En los próximos días iremos a Buenos aires y ya tenemos pactadas visitas el próximo año a Londres, Singapur, Berlín, México, Tokio, París, São Paulo, Estocolmo, Hong Kong, Dubái, Madrid, Barcelona, San Sebastián. Al final, la mejor de las recompensas es la sensación del deber cumplido: haber puesto un granito de arena para que los sabores del Perú sigan creciendo en los corazones del mundo.

RECETA: LA LECHE DE TIGRE

En una licuadora echamos 1 taza de jugo de limón, un chorrito de caldo de pescado suavecito, ligerito, sal, pimienta, unos 50 gramos de retazos de pescado fresquito, una ramita de apio, un trocito de cebolla, una pizca de ajo molido, un trocito de kion, unos tallitos de culantro, unas rodajas de ají limo, una rodaja de rocoto y licuamos todo. Lo licuamos bien y lo colamos. Volvemos a licuar todo añadiendo una pizca de rocoto licuado, si gustan, un chorrito de leche evaporada y listo. Echamos ahora unos 50 gramos de pescado fresco en dados, un par de langostinos, unas rodajas de pulpo cocido o su marisco preferido, un par de conchitas crudas, cebolla picada al gusto, culantro picado al gusto, y si les provoca, choclito o canchita; y si son golosos, coronan con chicharrón de calamar, pota o pescado.

Suspiros de Astrid

Me cuenta Astrid que, desde muy niña y mucho antes de conocerme, ella ya estaba enamorada del Perú. Que desde pequeña soñaba con los incas y sus ciudades de piedra, con las inmensas montañas andinas desde donde el viento hacía sonar zampoñas y quenas, con la selva amazónica que surcaba en canoa entre tapires y guacamayos, con las dunas del desierto coqueteando con el mar.

Un amor temprano que tuvo que confesarme el primer día que llegamos a Lima para iniciar nuestro sueño de vida juntos. Porque al llegar a la policía de migraciones, el oficial la observó y le dijo para mi sorpresa: «Hola, gringa, ¿otra vez por acá?».

Como ella me había dicho que era la primera vez que vendría a Lima, sorprendido le pregunté: «¿No me digas que ya has venido antes?». Me respondió con su cara de niña traviesa: «Es que no quería quitarte la ilusión, me hablabas con tanta pasión del Perú que me querías mostrar, con tanto entusiasmo para convencerme de quedarme contigo que no quería quitarte eso, porque la verdad es que ya me habías convencido desde el primer día. Mi sueño siempre fue venir a vivir al Perú».

Un sueño y un amor que encontraron en el mundo dulce y en el chocolate el espacio natural para expresarse y florecer.

Un mundo dulce que la ha llevado a recorrer los lugares más alejados del Perú, a veces surcando los ríos amazónicos durante días, en su afán por conectar con las comunidades amazónicas y sus productos, especialmente el cacao, y con las oportunidades que les ofrecen las ciudades para salir adelante. Un dulce sueño que hizo realidad desde el primer día, entregada a resaltar cada uno de los postres que, como el suspiro limeño, forman parte de nuestra más profunda identidad.

Un suspiro cuyo nombre nace gracias al poeta José Gálvez, el día que probó el postre que su esposa, Amparo Ayarza, había preparado para él. «Este postre es tan suave como el suspiro de una dama limeña», dijo, al parecer, extasiado. Vamos con su receta.

RECETA: SUSPIRO LIMEÑO

Primero, hacemos un manjar de yemas, hirviendo 1 tarro de leche condensada con 1 tarro de leche evaporada, y añadimos unas gotas de esencia de vainilla. Cocemos a fuego lento, moviendo todo el tiempo con una cuchara de madera hasta que vaya cogiendo punto de manjar. Aparte, batimos 8 yemas a las que les añadimos un poco del manjar caliente y luego mezclamos el manjar restante. Colamos y lo dejamos enfriar tapado para que no se haga costra encima.

Ahora, hacemos el merengue. Hervimos una copa de oporto con ½ taza de azúcar hasta darle punto de miel. Aparte batimos un par de claras de huevo a punto de nieve y agregamos el oporto en forma de hilo. Seguimos batiendo hasta que coja punto y luego vaciamos en una manga pastelera. Finalmente, colocamos el manjar en el recipiente y sobre él colocamos el merengue. Decoramos con canela en polvo y listo; comer con moderación.

El outsider

Foto: Fototeca de la inmigración italiana en Perú.

Revisando el *ranking* de platos más pedidos en nuestro restaurante Jarana, de New Jersey, en Estados Unidos, un nombre llama la atención al estar entre los primeros de la lista: el bistec apanado con tallarines verdes; ubicándose casi al lado de los archifamosos cebiche y lomo saltado en las preferencias del público.

Es un plato que, además, siempre está en el ojo de la tormenta, pues suele ser señalado como un usurpador de una de las recetas más entrañables de la cocina genovesa, el espagueti al pesto.

La realidad es que, cuando nos adentramos en ambas recetas, descubrimos que son preparaciones muy diferentes. Y si bien la peruana nace de la presencia histórica de la comunidad italiana en el Perú, con el tiempo fue encontrando su propia identidad, sin pretender robar protagonismo a quien le dio vida. Tan solo siguió su propio camino con agradecimiento y respeto.

Fue así como en esa ruta de descubrimientos y ante la escasez de la albahaca, los piñones y el parmesano, la versión peruana le añadió espinaca, nueces y queso fresco. Y buscando potenciar su sabor, a diferencia del genovés que se prepara crudo en mortero, nuestro ingenio limeño le añadió cebolla, fuego, sartén, para finalmente encontrar en la leche evaporada y la licuadora dos recursos para que aquel aderezo se convirtiera en una nueva salsa, la salsa de los tallarines verdes peruanos.

Pasan los años y la necesidad de dar cariño lleva a nuestras abuelas a montarle un bistec o un apanado. Y luego, ya en tiempos recientes, los nietos interconectados descubren que la receta italiana llevaba papas y vainitas entremezcladas con la pasta, a lo que reaccionan algunos añadiéndole su toque de huancaína. El resultado es un plato de tallarines verdes con apanado y papa a la huancaína que, sin pretender competir con el que originó su existencia, espera el día en que su buen nombre sea reivindicado, con la tranquilidad de saber que, al menos en nuestras mesas, el cariño le llegó hace mucho tiempo.

RECETA: BISTEC APANADO CON TALLARINES VERDES

Chancamos 4 filetes de lomo, de churrasco o de bistec de cadera de res de 200 gramos, y los sazonamos con sal, pimienta, un punto de ajo y comino. Los pasamos primero por un bol lleno de harina, luego por otro de huevo batido y, finalmente, por otro de pan molido. Aplastamos bien y los reservamos en la refrigeradora. Para la salsa, licuamos 1 taza de hojas de albahaca, 2 tazas de hojas de espinaca y 4 dientes de ajo. En una sartén sudamos 1 cebolla roja finita por 5 minutos, añadimos la mezcla licuada, cocemos 1 minuto y añadimos queso fresco rallado al gusto, leche evaporada, sal, pimienta y queso parmesano. Dejamos que coja punto. Mientras, hervimos agua abundante con sal en una olla y cocemos ½ kilo de fideos o espagueti grueso, y los dejamos ligeramente al dente. Armamos nuestra fuente mezclando la salsa verde con los fideos. Colocamos a un lado los apanados que doramos en una sartén con aceite a fuego medio y, al otro lado, servimos un poco de papa a la huancaína.

UNA DELICIOSA VARIANTE

TALLARINES VERDES CON PESCADO APANADO

En vez de carne, cortamos filetes de 200 gramos de pescado blanco fresco, no los chancamos. Procedemos a hacer milanesas de la misma forma. Seguimos la receta anterior de la salsa verde, solo que al mezclarla con los fideos le añadimos 1 taza de papas blancas cocidas y troceadas, y 1 taza de vainitas cocidas. Servimos los apanados sobre los fideos y encima echamos un chorrito de huancaína.

Paciencia, experiencia, sapiencia

Foto: archivo familiar de Teresa Ocampo.

Nuestra querida Teresa Ocampo representa muy bien la paciencia, experiencia y sapiencia que demanda un buen guiso. En esta foto, con su hijo Andrés.

Un buen plan para los días de invierno es el de ponerse a guisar. Porque nada como lograr un buen guiso para dar o recibir cariños, de esos que abrigan por fuera y por dentro. Que inundan el hogar con aroma a familia.

Los años y los consejos de nobles cocineros me han enseñado que para guisar existen tres secretos, tres reglas milagrosas que, invocadas cada una en el justo momento, serán cruciales para que ese plato esté dotado de sabor inolvidable.

La tarea es sencilla si...

Primero, no se apuran: un buen guiso es el arte de la paciencia. Sabemos que todo lo bueno toma tiempo, exige calma y serenidad. Remover sin prisas, vigilar hervores sin aspavientos, escuchar la cocción como si se tratara de una sinfonía. Tomen nota, que todo será mejor si son pacientes.

Segundo, si perseveran: posiblemente no les salga en el primer intento, como le salía a su abuelita, que seguro logró hacerlo bien solo después de mucho andar. Recuerden un mandato sagrado de las buenas cocinas: un buen guiso es, también, el arte de la experiencia. Probar y equivocarse, probar y mejorar, probar y superarse, todo es parte del maravilloso proceso de encontrar el propio camino. Y en los quehaceres de las estufas y la sazón, el probar es también parte del juego de la vida.

Y, tercero, tan importante como los otros dos, es saber elegir ingredientes y recetas precisas y oportunas, según la ocasión. Porque guisar demanda sapiencia, sobre todo, y humildad para seguir consejos, escuchar secretos y no quitar el ojo a los trucos. Observen con orgullo y respeto sus productos, huélanlos y disfrútenlos, encuentren en sus rugosidades y texturas la tierra o el mar que se los ofreció. Conéctense con esos ingredientes que ayudarán a construir sus recuerdos.

Y así, con paciencia, experiencia y sapiencia, el guiso casero en su maravillosa sencillez estará asegurado.

Ya teniendo clara la ruta, qué mejor elección para poner en práctica estos tres pasos que hacer un guisito jugoso, calientito y esforzado como el de unas caiguas rellenas que nos transportan inmediatamente a la mesa de nuestra niñez. Si eres uno de esos infantes a los que obligaban a comer caiguas, estoy seguro de que, con la madurez, los años y el corazón entregado, la reconciliación con tan noble plato es un hecho.

CAIGUAS RELLENAS

Cocinamos 4 caiguas en agua con sal por unos minutitos y luego las enfriamos rápidamente en agua con hielo. Para el relleno, ½ kilo de carne molida. La guisamos en un aderezo hecho lentamente con 2 tazas de cebolla roja picada finita, 1 cucharada de ajo molido, 2 tomates picados finitos, 1 cucharada de maní molido tostado, una pizca de orégano y ¼ de taza de ají panca licuado. Sazonamos con sal, pimienta y comino y ya está listo para añadirle un puñado de pasas, huevitos cocidos picados y, al final, un poquito de aceituna. Las caiguas están listas para rellenarse y acomodarse nuevamente en la olla, con más aderezo, un chorrito de agua o caldo y 1 cucharada de maní molido. Las cocinamos 20 minutos a fuego bajo. Al final, un secreto de casa: un chorrito de leche evaporada, una movidita, un hervor y las caiguas están listas para ser halagadas con un arrocito, unas papas al vapor, un puré o un pepián de choclo.

LA VARIANTE

REPOLLOS RELLENOS

Cogemos 8 hojas grandes de repollo que cocemos unos segundos en agua hirviendo, hasta que estén suaves. Luego, las pasamos a un recipiente con agua con hielo. Las escurrimos bien, les agregamos el mismo relleno que le hicimos a la caigua, las acomodamos en una olla con el mismo aderezo y los mismos ingredientes del guiso. Seguimos la receta igual hasta el final, solo que en este caso no le echamos leche. Además, la cocción solo será de 5 minutos. Acompañamos con arroz blanco.

El largo camino del mondonguito

Foto: Bar Cordano.

En esta imagen vemos a los antiguos dueños y trabajadores del Bar Cordano, donde la migración italiana dejó huella. Se cree que la foto fue tomada en 1906, aproximadamente.

Me escriben: «Hola, G, soy peruano, vivo en Italia, amo el mondonguito a la italiana que hacían en mi casa limeña, pero aquí lo he buscado por todas partes y no existe».

Respondo: Querido amigo, en Italia no existe una sino muchas recetas de mondonguito que llevan el apellido de la región a la que pertenecen. Te menciono solo unos ejemplos: la *trippa* a la romana con su queso pecorino; la *trippa* a la milanesa con su frejolito; a la florentina con vino blanco; a la *parmigiana* con su parmesano; o a la genovesa, con su papa, zanahoria y hongo seco.

Pasa el tiempo y llegan a Italia tiempos de carencia que obligan a muchos a emigrar por el mundo en busca de un mejor porvenir y, al hacerlo, llevan consigo las recetas de su tierra que luego intentan reproducir en el nuevo hogar. Al no encontrar los ingredientes originales, poco a poco tienen que ir adaptando sus recetas a lo que encuentran, de manera que, con el paso del tiempo, algunas se convierten en nuevas recetas, hijas de la memoria y la nostalgia, que se van sumando al recetario de la tierra que los acogió.

En nuestro caso, por ejemplo, es probable que, al llegar una gran comunidad genovesa al Perú y no hallar sus ingredientes, le fueron dando vida a una nueva receta de *trippa*, con sus papitas, su zanahoria, su laurel, su tomate, su cebolla, su ají amarillo, su quesito rallado. Una receta a la que nosotros, los locales que aquí habitábamos, nombramos mondonguito a la italiana; quizás porque al comienzo solo la encontrábamos en la mesa de alguna familia amiga de origen italiano, o en las tabernas y fondas regentadas por entrañables personajes de esa comunidad europea.

Más tarde, como suele ocurrir y sin previo aviso, el mondonguito llamado aquí a la italiana pasaría a convertirse en un plato de nuestra querida cocina criolla, solo que conservando el nombre que lo hizo famoso, seguramente en agradecimiento a todo lo que la cultura italiana sumó a la nuestra. Espero haber respondido a la duda. Un abrazo.

RECETA: MONDONGUITO A LA ITALIANA

Echamos en una cazuela un chorro generoso de aceite. Añadimos 1 cucharadita de ajo molido y 1 cebolla picada muy finita. Agregamos 2 cucharadas de ají mirasol y otras 2 de ají amarillo, ambos licuados. Sudamos unos minutos y añadimos 2 tomates picados muy finitos, 1 cucharada de pasta de tomate, una pizca de orégano, 1 hoja de laurel, 2 hongos secos remojados y removemos. Sumamos ahora 2 ajíes amarillos y 1 cebolla roja, cortados en tiras finas, y 2 tazas de mondongo (cocido hasta que esté suave), también cortado en tiras. Echamos un poco de caldo, probamos la sal y la pimienta, y dejamos que todo dé un hervor durante unos 5 minutos, hasta que se mezclen los sabores. Añadimos ½ taza de zanahoria cocida y cortada en bastones y ½ taza de arvejas cocidas. Incorporamos perejil picado y papas cortadas en bastones, fritas previamente. Terminamos con un generoso puñado de parmesano rallado.

LA VARIANTE

MONDONGUITO VALIENTE

Cocinamos en una olla 1 kilo de mondongo, 2 patitas de cerdo y 1 oreja de chancho. Cocemos todo hasta que la carne quede muy suave y se pueda cortar con las manos. Deshuesamos las patitas y picamos todo en trozos medianos. Hacemos un aderezo similar al del mondonguito a la italiana y luego seguiremos tal cual como la receta anterior.

Aventura culinaria

Soñé con ser cocinero desde niño. Jugaba a hacer galletas de mantequilla con la receta escrita a mano de la abuela Genoveva, o convertía mi cuarto en un chifa imaginario en el que yo era cocinero, mozo y comensal a la vez.

Lo que jamás imaginé es que un día, un carrito sanguchero travieso y espontáneo sería una de las herramientas más valiosas que me dio la vida para difundir el trabajo de admirables cocineras y cocineros peruanos.

Fue gracias a ese carrito con el que llegaba a parques y plazas a cocinar recetas inspiradas en los recorridos del programa *Aventura Culinaria*, que pude contar la historia de miles de compatriotas que se jugaban la vida a diario, intentando llevar un momento de alegría a sus comensales con sus platos.

Una aventura culinaria que al comienzo imaginamos duraría solo 30 capítulos que narrarían la historia de la cocina peruana a través de los cocineros, agricultores, pescadores y empresarios que la hacían posible, intentando contar sus historias de vida de la forma más genuina, a veces desde la nostalgia, desde el dolor o desde la alegría.

Al final, el programa duró 20 años e hicimos más de 500 aventuras culinarias que surgían y surgían, porque siempre, cuando parecía que todo ya había sido contado, aparecían nuevos productos que revelar, nuevos platos que difundir y, sobre todo, nuevos personajes a quienes reivindicar, alentar, reconocer ante una audiencia que conectaba con ellos, los aplaudía, y acudía al día siguiente a saborear sus platos.

Fue en una de esas aventuras que llegué por primera vez al restaurante La Balsa, en medio del desierto.

Siempre he admirado a los solitarios. Quizás porque uno de mis sueños fue vivir para siempre en un cuarto de hotel o porque disfruto como un niño mis solitarias escapadas al cine, un lunes de matiné. Lo cierto es que, desde el abrigo del hogar, la familia, los amigos y el cariño de la gente, he observado con cierta melancolía la figura de aquellos que en un gesto épico deciden seguir su instinto para instalarse en medio de la nada, haciendo caso solo a su vocación natural por la soledad. Como don Clemente Luyo, quien durante su vida hizo de todo: vivió en muchos lugares y se rodeó de muchas personas, hasta que un día decidió instalarse en el kilómetro 347 de la carretera Panamericana Norte, en medio del desierto, siguiendo esa voz que habita en los de su estirpe.

Y allí, entre el mar y la arena, don Clemente dio vida a La Balsa, un restaurante que se convirtió en parada obligada para todos los solitarios del mundo: el camionero curtido, los motociclistas que cruzan el continente, los caminantes que buscan respuestas, los vendedores que van de pueblo en pueblo y los predicadores de paraísos y salvaciones. Todos atraídos por aquello que don Clemente descubrió en el camino, la hermosa caleta de pescadores ubicada a escasos metros donde él encuentra los pescados y mariscos que dan vida a esos platos de leyenda que ha ido perfeccionando día tras día. Cebiches, picantes de lapa, pescados entomatados y hasta unos panqueques acaramelados que aparecen al final como un espejismo en medio del desierto.

Hace mucho que no vuelvo a La Balsa, quizás por aquello de que al lugar donde fuiste feliz, a veces, es mejor no volver; o quizás porque con los años preferimos evitar las despedidas. Pero si ustedes aman la cocina hecha con cariño y melancolía, visiten La Balsa, no solo por sus platos, sino porque podrán abrazar a don Clemente, al caballero de otro tiempo, al último romántico, al hombre que buscando su soledad terminó rodeado de amigos que siempre lo visitan. Solo que, para su fortuna, van y vienen, vienen y van.

RECETA: ENTOMATADO DE PESCADO

En una sartén con un chorrito de aceite, doramos 4 filetes de pescado que sazonamos con sal, pimienta y una pizca de ajo molido, y luego lo pasamos por harina. Retiramos y echamos a la sartén 2 cebollas cortadas en dados chiquitos, cocemos por 3 minutos y añadimos 1 cucharada de ajo molido. Cocemos 2 minutos más y agregamos 1 cucharada de ají panca licuado, 1 cucharada de pasta de tomate, cocemos 1 minuto, sazonamos con sal, pimienta, orégano en polvo y comino. Echamos ahora 4 tomates pelados y picados finitos, un chorrito de vino blanco y 1 hoja de laurel. Dejamos cocer 2 minutos y regresamos los filetes de pescado. Agregamos ahora abundante perejil picado, tapamos y dejamos cocer todo 5 minutos más. Acompañamos con arrocito blanco, unas papitas doradas o lo que gusten.

LA VARIANTE

MOJADITO DE PESCADO

Sigan la misma receta solo que en vez de echarle vino blanco, le vierten un buen vaso de chicha de jora y le añaden al aderezo 2 cucharadas de ají amarillo licuado. Al final, junto al pescado, le añaden 1 cebolla cortada en tiras, 2 tomates cortados en tiras, 1 ají amarillo cortado en tiras y, en vez de perejil, abundante culantro picado. Dejen cocer 5 minutos y listo.

Más hacemos, menos sabemos

Virgilio Martínez y el gran equipo de Astrid & Gastón en Bogotá.

Todo trabajo requiere de un aprendizaje paciente y constante que aplica para todos: arquitectos, médicos, artesanos y, por supuesto, cocineros, que aprenden gracias a las enseñanzas de maestros y de las experiencias de vida. Experiencias que, a veces, pueden ser técnicas que vamos afinando, platos que vamos perfeccionando y, sobre todo, errores que el tiempo convierte en grandes lecciones.

Por ello, en esta época en que internet nos lleva a creer, a veces, que ya lo sabemos todo, es importante recordar que solo la vocación paciente por aprender es la que nos dará la señal de que el momento para volar con nuestras propias alas finalmente ha llegado. Lo interesante es que cuando ese momento llega, de pronto, descubrimos la lección más significativa de todas. Que en realidad nada sabemos, que todo está por descubrirse, que todo puede ser cada vez mejor y que la vida no era la necesidad urgente de ganar o de ser aplaudido, sino de caminar, aprender, compartir y agradecer, más aún en tiempos como los de hoy, en que todos tenemos a quien darle un abrazo, un aliento.

Por ejemplo, esta receta, un sencillo ajiaco combinado con su picante. Un plato que por cotidiano y casero parece fácil, pero que en realidad nos ha demandado largos años para lograr dominarlo. Un ajiaco que, además, en su origen propio de carencias y vicisitudes, podría parecer un plato limitado, pero que, al abrazarlo agradecido, de pronto revela su inmensa versatilidad, al prepararlo no solo con papas, sino con lo que tengan o prefieran, ollucos, habas, pallares, caiguas, y combinado con lo que gusten: un picante, un chicharrón, un guiso.

Un ajiaco que no solo nos conecta con los recuerdos más bonitos de nuestra infancia, al lado de su arrocito, su criolla o su ajicito, sino que, en esta época de ansiedades y desasosiegos, aparece como queriendo decirnos al oído: «Vamos, paciencia, nada es tan grave, empecemos de nuevo, todo va a estar bien».

AJIACO DE PAPAS CON QUESO

En una olla echamos un chorrito de aceite y 1 taza de cebolla roja picada finita y la cocemos hasta que se vea transparente. Echamos 2 cucharadas de ajo molido y luego 1 taza de ají amarillo fresco licuado. Cocemos hasta que se haga un rico aderezo. Echamos ahora 4 papas blancas peladas y picadas, damos una movidita. Agregamos sal, pimienta, comino, una pizca de agua o caldo y tapamos. Al final, echamos un chorro bien generoso de leche evaporada, ½ taza de queso fresco serrano en dados y ½ taza de huacatay picado. Un hervor más y listo. Podemos servirlo así, con un huevo frito o solo con su arrocito al lado. Aunque también pueden ponerle un bistec o un chicharrón de chancho.

LAS VARIANTES

AJIACO DE OLLUCOS

Sigan la receta anterior, solo que le añaden 2 tazas de ollucos cortados en trozos medianos. Al final, agregan huacatay y bastante perejil picado.

AJIACO DE CAIGUAS

Mismo procedimiento que el ajiaco de papas, solo que cuando echen las papas, añadan 2 tazas de caigua cortada en dados grandes.

AJIACO DE CAMARONES

Igual que la versión con papas, pero en el aderezo deben agregar 1 cucharada del coral de los camarones. Cuando el ajiaco comience a espesar, echen 24 colas de camarones y dejen cocer. Prueben de sal y listo. Móntenlo con una salsa criolla hecha con abundante hierbabuena y tiras de rocoto.

24 horas con sentimiento

Foto: *Revista Caretas.*

Así era Lima en los 80, antes de ese hermoso momento en el que salíamos en busca de un caldo de gallina.

Una de las cosas que más sorprenden a un cocinero peruano enamorado de su cocina cuando camina las calles de Japón, siempre ávido por aprender y descubrir nuevos sabores, es la habilidad que han desarrollado los cocineros nipones para convertir cada uno de sus platos en los protagonistas de restaurantes especializados: espacios únicos, diferenciados y acordes a las necesidades de cada propuesta.

Restaurantes donde solo sirven tempura, la fritura japonesa; o *yakitori*, la versión japonesa del anticucho; o *yakiniku*, la parrilla japonesa; o *gyozas*, los ravioles japoneses; o ramen, la sopa de fideos japonesa... y muchos más.

Es como si de pronto en el Perú, además de nuestras cebicherías, anticucherías, chicharronerías, sangucherías y pollerías, los cocineros decidieran especializarse en un único plato y empezaran a aparecer espacios dedicados, por ejemplo, a la jalea y a todos esos chicharrones marinos deliciosos; otros a la patasca, donde se sirven además todas las sopas regionales; otros al lomo saltado, con todas sus variantes; otros a los guisos de cuchara y menestras; otros a los arroces variados del Perú; otros a los chaufitas y aeropuertos; otros a los sudados en todas sus opciones marinas; otros a los escabeches y zarzas. Todos ejemplos que seguramente en algunos casos ya existen, pero que de multiplicarse, como ocurre en Japón, donde hay miles de opciones en cada ejemplo mencionado, ofrecerían más y más calidad, mientras se crea riqueza y oportunidades a partir de un esfuerzo personal y un compromiso con la mejora continua y la excelencia.

Una señal de cómo poco a poco la especialización, convertida en un modelo nuevo de negocio gastronómico, se va ampliando en nuestro país es lo que viene ocurriendo con el delicioso caldo de gallina, ofrecido en locales cuya única especialidad es ese plato y que, además, algunos de ellos abren incluso las 24 horas.

Algo normal en una comida que asociamos a esos momentos en que la noche se hizo larga, la jarana pide auxilio o el amor exige cumplimiento, para lo cual salimos en busca de ese levanta muertos que nos ayude a recuperarnos. Algunos lo encuentran en una leche de tigre, otros en un sanguchón de bajadón, otros en un caldo de cabeza o en un aguadito y otros en ese caldo de gallina cada vez más popular, que en el momento preciso se convierte en esa pócima mágica que parece curarlo todo.

Es cierto, ningún doctor aprobaría este camino como una receta médica, porque en estos casos lo que toca es descanso e hidratación y no acudir ni al picantito, al acidito o la grasita. Es cierto que la cocina es cuerpo, pero también sentimiento. Y eso es lo que uno recibe en cada cucharada del suculento caldo de gallina del Perú. Puro sentimiento.

RECETA: CALDO DE GALLINA

En una olla colocamos una gallina cubierta de agua y añadimos rodajas de kion al gusto, 1 poro cortado en rodajas, 2 tallos de apio, 4 cabezas de cebolla china y cocemos una media hora. Apagamos el fuego y dejamos enfriar la gallina en su caldo. Retiramos la gallina y la cortamos en 8 presas. Quitamos la grasa excesiva de la superficie del caldo. Colamos el caldo y añadimos 4 papas amarillas, sal, pimienta, dejamos cocer y agregamos fideos que cocemos al dente en el mismo caldo. Al final, recogemos ¼ de taza del caldito que batimos con un par de yemas de huevo crudas y lo echamos al caldo para que le dé gusto, color y textura rica. Un hervor y servimos los fideos al fondo con su presa encima, caldo, un huevo cocido, su papa y al lado, si gustan, algo de menudencia, un hígado, una molleja, bastante cebolla china, parte verde picada, rocoto picado y molido, canchita, limón y listo.

El abrazo

Paolino - www.paolore.too.it
http://digilander.libero.it/paolore2
Il grande successo mondiale della Canzone genovese:
Ma se ghe penso
Versi di MARIO CAPPELLO
Musica di ATTILIO MARGUTTI
CANTO - MANDOLINO - FISARMONICA
ANDANTE

La cocina peruana expresa en cada uno de sus platos las voces y sentimientos de su pueblo, las risas y penas de todos aquellos que fueron escribiendo las páginas de nuestra patria. Los que estuvieron aquí desde siempre, los que un día vinieron desde muy lejos y los que luego, naciendo en nuestra tierra, dieron vida a nuestra diversidad.

Desde los Andes, el Altiplano, la costa desértica y la Amazonía. Desde Asia, Europa y África, todos, poco a poco, fueron dejando atrás sus nostalgias y penas, abriendo un camino que encontró en la cocina del hogar un espacio para abrazarse con todo lo bueno que fueron construyendo. El resultado fueron platos que en algunos casos son fruto del encuentro entre dos culturas diferentes que deciden unirse, dando lo mejor de sí para dar vida a algo nuevo. Como nuestro tan querido cebiche, en el que el limón y las cebollas, llegados desde muy lejos, se unen al ají, al choclo y al camote, para rendirles homenaje a los pescados de nuestro mar Pacífico. Y, en otros casos, fueron platos que, viajando en la memoria de quienes vinieron a nuestra tierra, poco a poco se adaptaron al gusto y despensa locales, hasta crear un nuevo plato, como es el caso de nuestro querido menestrón.

Su padre culinario, llamado *minestrone*, nació en Génova, al abrigo de hogares humildes. Hijo de la carencia y del amor de una madre que con muy poco quería darle mucho al hijo amado. *Minestrone* era una rica sopa hecha con las verduras que se tenían a mano, cocinadas por largas horas, a la que se perfumaba con abundante albahaca. Menestrón, en cambio, es el hijo culinario que nació en el Perú, al abrigo de familias de origen genovés que, ya afincadas en nuestra tierra, fueron saliendo adelante, fundando nuevas familias, teniendo hijos nacidos aquí e incorporando poco a poco a la receta original, suculentos trozos de carne, yucas y choclos, quizás para recordar en cada bocado que, tras décadas de sacrificio, sus nietos limeños, finalmente, tendrían todo aquello que sus abuelos no tuvieron cuando niños.

El menestrón es eso. Un encuentro emotivo entre la nostalgia de la tierra lejana y el agradecimiento al nuevo hogar. Una historia con final feliz.

Comparto esta receta de menestrón que ojalá puedan hacer en casa, poniéndole su toque personal o familiar, como debe ser. Porque esa es la magia de la buena cocina, en donde las recetas no son puntos de llegada sino de partida. Partituras que uno interpreta según sus amores y desamores, sus añoranzas e ilusiones.

RECETA: MENESTRÓN DE CARNE

En una olla grande ponemos a hervir 1 kilo de punta de pecho cortada en 4 trozos grandes. Dejamos cocer a fuego lento hasta que esté suave. Retiramos la carne y en ese caldito echamos las verduras. Añadimos primero unos frejolitos verdes, habas y unos pallares verdes. Luego, agregamos zapallo macre, zanahoria, papa blanca, nabo, vainita, apio y poro picado, todo chiquito. Dejamos cocer todo a fuego lento hasta que espese. Es momento de echar fideos canutos crudos, luego cubos de yuca cocida y papa amarilla cocida. Seguimos y sumamos ahora choclo cocido y dejamos que hierva todo por unos minutos más. Mientras, licuamos ajos con abundante albahaca, queso fresco, parmesano y aceite de oliva. Regresamos la carne cortada en trozos al menestrón, añadimos el licuado, dejamos que el conjunto espese por unos 5 minutos y ya podemos apagar la olla donde encontraremos una sopa contundente y sabrosa. Echamos más queso fresco rallado, parmesano rallado, un chorro de aceite de oliva y listo.

LA VARIANTE

MENESTRÓN DE VERDURAS

Un rico menestrón de verduras es muy sencillo. Eliminamos la carne y agregamos más verduras al gusto, zapallito italiano, repollo, arvejas, y luego seguimos la receta tal cual el menestrón de carne.

El alma de la fiesta

Me cuenta mi amiga la Leche de Tigre que está muy preocupada por su amigo el Tiradito.

Me dice que desde hace un buen tiempo lo ve bien alicaído, como si hubiera perdido el entusiasmo por la vida.

—¿Cómo va a ser posible? —se dice a sí misma—. Si Tiradito siempre fue la estrella del barrio. El más guapo, el más divertido, el más elegante, por el que todos morían.

—Pues sí —le digo sorprendido—. Tienes razón. Recuerdo que lo conocí en los años 70, cuando de niño mi padre me llevó al Callao, a un restaurante llamado Augusto, que se había hecho famoso por un plato llamado Tiradito, que había desplazado en popularidad al invencible Cebiche. Y recuerdo lo que allí, sentado en la mesa, se hablaba de él: que no se sabía cómo había llegado. Unos decían que venía del Japón, huyendo de su padre, el Sashimi. Otros, más bien, aseguraban que en realidad había llegado de Italia, huyendo de la justicia que buscaba intensamente a un tal Carpaccio. El hecho es que tal era su fama en aquellos tiempos que todos hablaban de él, algo que parecía no disgustarle nada. Recuerdo que llegaron los años 80 y del Callao pasó rápidamente a Lima, siendo el restaurante Costanera 700 donde don Humberto Sato lo elevó hasta el cielo. Y fue tal su popularidad que en los años 90, un cocinero japonés se asoció con Robert De Niro para hacer un restaurante llamado Nobu, que luego se expandiría por todo el mundo. ¿Y a qué no sabes cuál fue el plato que lo hizo famoso?

—No me digas.

—Pues sí, el Tiradito Nobu Style. Pero luego llegó el siglo XXI y algo sucedió. Quizás la vorágine de la fama, quizás la adulación a la que fue sometido, no sé. El asunto es que poco a poco el Tiradito fue perdiendo el brillo que tuvo durante más de tres décadas.

—No —me dijo la Leche de Tigre—. Fue el Cebiche.

—¿El Cebiche? —pregunté asombrado.

Foto: Tanta.

—Claro —me dijo muy segura—. Durante esos 30 años, al Cebiche, después de siglos de haber sido la estrella, de pronto le había surgido un rival. ¿Y tú creíste que se quedaría tan tranquilo? Por supuesto que no. Mira ahora a tu alrededor. ¿Quién es la vedete mundial? ¿Cuál es el plato que está hasta en las cartas de los restaurantes franceses en París y en los bares de tapas españolas en Madrid? ¿Acaso no es el Cebiche? El Cebiche ha vuelto a ser la estrella y es eso lo que ha dejado a Tiradito tan desconsolado, porque siente que ya nadie lo quiere.

—Pero eso no es cierto —repliqué—. El Tiradito es lo máximo y siempre lo será. No te preocupes, al final el tiempo se encarga de poner todo en su sitio.

—¿Tú crees? —me preguntó dudando.

—Claro que sí, Leche de Tigre. Pronto el Tiradito volverá a brillar. Ya lo verás.

Hagamos un Tiradito sencillo en casa para animarlo y que reciba todo nuestro cariño.

RECETA: TIRADITO SENCILLO

Licuamos unos ajíes sin venas ni pepas. Puede ser ají limo, rocoto, ají arnaucho, ají amarillo, ají mochero, su ají local favorito. Lo mezclamos con abundante jugo de limón recién exprimido y unas ramitas de culantro para darle aroma. Le añadimos a ese jugo unos trozos de apio, otros de cebolla roja, unos trozos de ají enteros, unos pedacitos de las puntas del filete que usaremos para el tiradito, sal y pimienta blanca. Chancamos todo un poquito y dejamos reposar. Mientras, cortamos los filetes de pescado muy fresco en filetitos, ni muy delgados ni muy gruesos. Puede ser desde la generosa cabrilla hasta el lujoso lenguado. Cojinova, caballa, tramboyo, pintadilla, pescado fresquito, eso sí. Los sazonamos con sal y los acomodamos en una fuente a la que bañamos con un poco del jugo colado que estuvo macerando. Luego, le echamos por encima más trozos de ají, algunas hojitas de culantro, bañamos con más jugo y, si gustan, al lado acompañamos con choclito o camotito. Esta es una receta sencilla y básica, pero le pueden añadir su gusto familiar, si es nikkei, tusán, norteño, amazónico, andino o europeo. Pónganle su toque, que el tiradito es el alma de la fiesta.

LAS VARIANTES

TIRADITO AL OLIVO

En la receta de tiradito sencillo, una vez que hemos bañado el pescado con la leche de tigre, le añadimos un chorro de aceite de oliva y unas rodajas de palta.

TIRADITO NIKKEI

Compramos ½ kilo de filete de bonito o de caballa, que sazonamos con sal y dejamos en la refrigeradora. Aparte, echamos 4 cucharadas de sillao en un bol con 2 cucharadas de cebolla china picada, 2 cucharadas de rocoto picado, 1 cucharada de kion rallado y ¼ de taza de nabo rallado mezclado con ají limo rallado. Echamos al final el jugo de 12 limones, sal, pimienta, una pizca de azúcar y unas gotas de aceite de ajonjolí. Bañamos el pescado con esta salsa antes de servir.

TIRADITO LA PUNTA

Licuamos 4 conchas de abanico (sin coral) con el jugo de 12 limones, sal, pimienta, una pizca de ajo molido, 1 cucharada de apio, 4 hojas de culantro, 1 rodaja de ají limo, 2 cucharadas de queso parmesano de buena calidad y un chorro de aceite de oliva. Vamos buscando un punto cremoso, pero ligero, que permita bañar a filetitos delgados de ½ kilo de pescado fresco. Lo acomodamos todo en una fuente o en 4 platos, y terminamos con 1 palta en dados, 1 cucharada de alcaparras y rociamos con un chorrito de aceite de oliva.

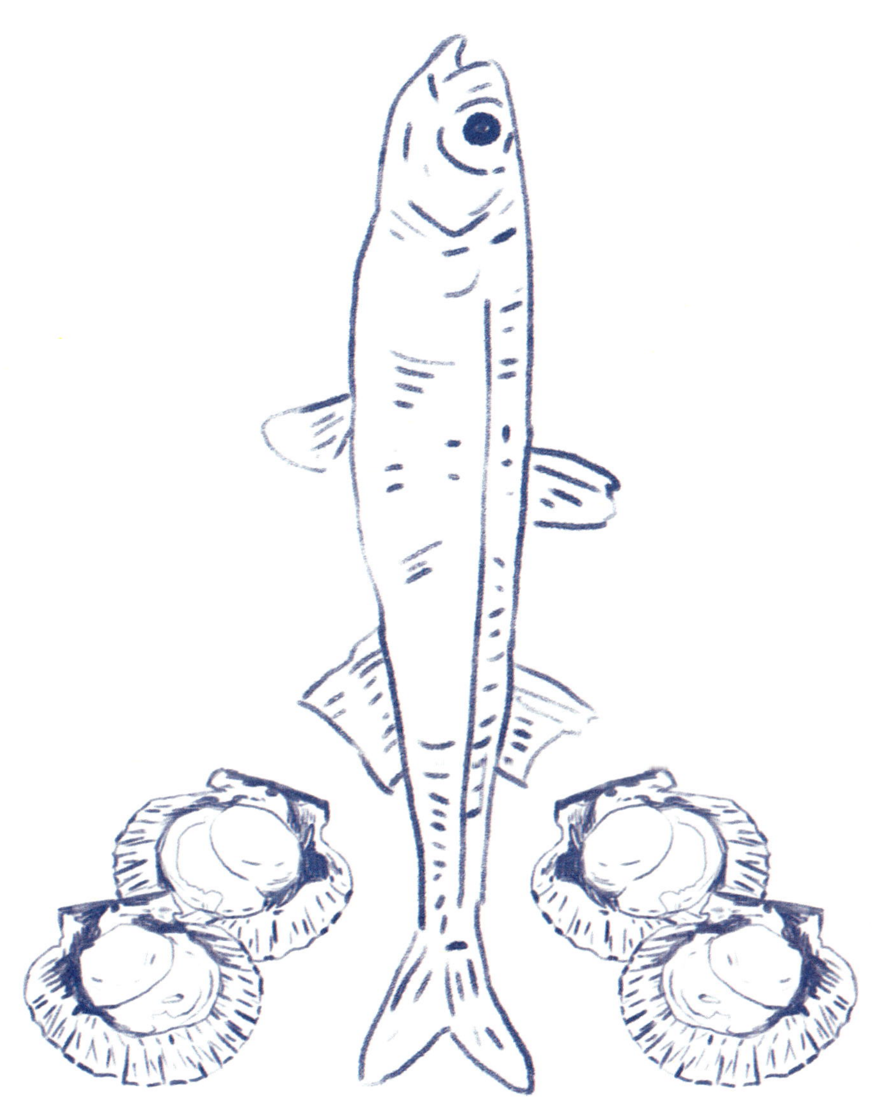

Dilemas de la diversidad

Cuando uno ha tenido la suerte de recorrer el Perú de palmo a palmo, no puede dejar de conmoverse al descubrir la enorme diversidad de sus climas, entornos y paisajes. De su cultura, su historia, su gente. Un país que sorprende a cada paso y en cada pueblo con un sentimiento distinto y único, que se expresa en su música, su danza, su artesanía, sus productos y, por supuesto, su cocina.

Una cocina que tiene, precisamente en las gastronomías regionales de los pueblos del Perú, la expresión más clara de cómo los peruanos hemos transformado los recursos y la historia de nuestra tierra en algo muy especial que nos identifica, nos distingue y, a la vez, nos une en nuestra complejidad: el recetario de nuestros sabores.

Un recetario vasto y diverso como el Perú. Cebiches, causas, sopas, caldos, chupes, sudados, guisos y picantes varios que, en muchos casos, llevan el mismo nombre, pero se preparan con ese toque especial, propio de cada pueblo, que no convierte a cada receta ni en la mejor ni en la más importante ni en la única, sino que le da su identidad.

Recetas que durante años hemos intentado dar a conocer no desde una mirada arbitraria o personal, sino más bien para compartir aquellas que representen de verdad a las familias y pueblos que las han preparado desde siempre con respeto, generosidad y orgullo.

Porque es allí donde está la oportunidad para que los peruanos nos unamos cada día más. En compartir aquello que nos representa, nos emociona, nos identifica y nos hace especiales. De manera que todos aprendamos a querernos y a valorarnos precisamente porque nos sentimos afortunados de que, en nuestra tierra, nuestra versión de algo no sea la única. Porque tenemos la suerte de tener muchas versiones de muchas cosas que, sumadas, conforman ese tesoro tan nuestro llamado diversidad.

Dicho esto, llegamos a la receta que hoy nos convoca, la carapulcra con sopa seca. Y lo confesamos: llegamos con mucho miedo. Tanto, que quizás mi subconsciente esperó a que me encuentre en un lugar tan alejado como Japón para atreverme a compartirla y así salvarme de un probable linchamiento popular en media docena de plazas públicas. Porque cuando de carapulcra se trata, vaya que las pasiones se desatan.

Pero ni modo. Solo queda una vez más cruzar los dedos y esperar la benevolencia y generosidad de quienes, amando la carapulcra de su tierra y su familia, sepan aceptar que, como la mayoría de nuestros platos, hijos de la hermosa diversidad del Perú, la carapulcra tiene también sus variantes, según la historia, el sentimiento y los productos de cada pueblo.

Como la que comí en Huaral, acompañando un chancho al palo crujiente y sabroso. O la que Teresita Izquierdo preparaba al estilo criollo limeño. O la sorprendente carapulcra maleña, con su punto de garbanzo y su sopa bruta al lado y, por supuesto, como la deliciosa carapulcra cañetana, todas preparadas con papa seca. Hasta que llegamos a Chincha, donde la carapulcra es orgullo y estrella luminosa de su identidad y descubrimos por primera vez que la carapulcra chinchana se hace con papa fresca.

Todas, carapulcras deliciosas hechas por cocineras y cocineros que las guisaron siendo fieles a su tradición, a su memoria y al amor que tienen por su tierra. Como ocurre con las recetas que son propias de cada pueblo del Perú y que habitan en el corazón y la memoria de todos los peruanos.

CARAPULCRA CON SOPA SECA

Vamos con una receta sencilla que pueden hacer con papa fresca o con papa seca. Si es con papa seca, primero se tuesta y se remoja en agua tibia; si es papa fresca, se corta en trozos pequeños. Sudamos en manteca, cebolla roja picada finita, ajo molido y ají panca licuado. Doramos suavemente por varios minutos sazonando con sal, pimienta y comino. Añadimos ½ kilo de carne de cerdo cortada en cubos chicos, seguimos dorando y sumamos ahora la papa y el maní tostado y molido. Agregamos caldo de cerdo. Dejamos que rompa a hervir y dejamos cocer a fuego lento. Si es papa fresca, la cocción será rápida. Si es papa seca, la cocción ganará bastante si se hace lentamente por mucho tiempo. Si se seca, añadir más caldo hasta coger punto de guiso cremoso. A esta receta básica, algunos le echan otros condimentos, como clavo, canela y otros ingredientes como rosquitas y hasta chocolate. El gusto de cada familia, le dicen.

Para la sopa seca, en una olla doren 1 cebolla picada finita con 2 cucharadas de ajo molido. Añadan ahora achiote al gusto, sal, pimienta, comino y tomate picado finito, albahaca molida y más albahaca picada. Agreguen ahora ½ kilo de fideos crudos y mojen todo con un par de tazas de un super caldo de pollo. Van cocinando y moviendo la cazuela de manera que cuando el fideo chupe el caldo vayan echando más hasta que el fideo esté cocido y al dente. Al final, terminan con perejil picado. Sirvan en una fuente la carapulcra con la sopa seca al lado, su trozo de yuca y, por qué no, sus buenos trozos de chicharrón de chancho. Provecho.

LA VARIANTE

SOPA SECA DE CAMARONES

Seguimos la receta de la sopa seca, solo que en el aderezo echamos 2 cucharadas de coral de camarones. Mojamos con caldo hecho con las cabezas de los camarones y echamos 36 colas de camarones, casi al final de la cocción. Acompañamos con carapulcra al lado.

Una buena causa

Foto: Panchita.

Hoy, Lima cumple un año más de vida, aunque su historia comienza mucho antes de que Francisco Pizarro la declarara fundada, allá por el año 1535.

Prueba de ello fueron los ríos Surco y Huatica, encargados de irrigar el valle del Rímac durante todo el virreinato y buena parte de la República. Se trataba en realidad de imponentes canales de irrigación empezados a construir mil años antes por los antepasados de Taulichusco, el último curaca de Lima. El mismo que habitaba en el palacio sobre el cual se construyó el actual Palacio de Gobierno.

Miles de años en los que sus habitantes tuvieron que enfrentar, muchas veces, guerras, terremotos y calamidades de los cuales supieron levantarse y avanzar. Por ello, hoy, en medio de esta Lima llena de desafíos que desbordan nuestras emociones cada día, más que celebrar su aniversario, toca una vez más acudir a la memoria de aquellos que construyeron esta ciudad a la que un día llegaron nuestros abuelos desde todos los rincones del Perú y del mundo para forjarse un camino.

Es en ese recuerdo hondo, en esa empatía sincera, en ese agradecimiento genuino, donde podremos encontrar el amor y la fuerza que esta hora difícil demanda.

Recuerdos, sentimientos y agradecimientos que hallan en la cocina del hogar una oportunidad para reunirnos alrededor de la mesa y darnos un abrazo de esperanza con uno de esos platos de siempre, que nos identifican en nuestra diversidad limeña.

Como la causa limeña, un plato presente en casi todos los hogares, principalmente al almuerzo, sea con mucho o poco relleno, con mucha o poca masa, rellena de atún con cebollita o con pollo y mayonesa.

Algunos dicen que proviene de la palabra quechua *kausay*, otros que nace en tiempos de la Independencia y hay quienes afirman que surge en medio de la guerra del Pacífico. Sea cual sea la verdad, lo importante es que la causa es hoy uno de los platos más queridos por todos los peruanos y, quién sabe, el que más nos acerca y une entre tantas diferencias. Que viva la causa limeña, que vivan las causas del Perú.

RECETA: CAUSA LIMEÑA

Lo primero es cocinar las papas con su cáscara, luego pelarlas aún calientes, soplándose los deditos, y después pasarlas rápidamente por el prensapapas. Lo segundo es esperar a que enfríe el puré para recién echar el ají amarillo licuado. Esto para evitar que el ají se fermente con la papa caliente. ¿Cuánto de papa y ají? Calculen más o menos: por 4 papas amarillas grandes, ½ taza de ají amarillo licuado aproximadamente. Pero esto es al gusto. Lo tercero es amasar bien con las manos limpias o con guantes, si prefieren. Porque la causa es sobre todo una historia de amor entre la papa y el ají. Finalmente, sal, gotas de limón para realzar y chorrito de aceite para darle textura suave y moldeable. Listo, ahora sí ya podemos armar nuestras causas como mejor nos guste o con lo que tengamos a la mano. Rodajas de palta, rodajas de huevo duro, pechuga de pollo mezclada con mayonesa, atún en conserva mezclado con cebollita picada en daditos. Pónganle a su causa lo que más les guste y hagan de ella una noble causa limeña, recordando, sintiendo, agradeciendo.

LA VARIANTE

CAUSA DE CAMARONES

En este caso, haremos exactamente lo mismo que con una causa rellena de pechuga de pollo con mayonesa, pero cambiamos la mayonesa por una salsa golf a la que le añadimos 1 cucharadita de coral de camarón cocido durante unos segundos en un chorrito de aceite. También cambiamos el pollo por 2 tazas de colas de camarones. Se puede hacer sin coral y con pulpa de cangrejo, colas de langostinos o de langosta cocida y picada.

El limoncito y sus aliados

Hubo un tiempo no muy lejano en que el limoncito peruano no gozaba del aplauso que hoy recibe al viajar por el mundo. Pequeñito, manchadito y acidito, en comparación con sus primos hermanos de otras tierras, grandecitos, dulzones y verdecitos.

Solía volver a casa acongojado y triste ante la indiferencia y murmullos de un público que lo veía como el patito feo del cuento. Hasta que un día, dos titanes peruanos que sabían de su real valía, enterados de tamaña injusticia, decidieron acudir en su ayuda.

—Hola, Limoncito. Yo soy Pisco sour.

—Hola, y yo soy Cebiche. Y los dos hemos venido a ayudarte —dijeron muy seguros de sí mismos.

—Hola, amigos, claro que los conozco, ustedes son los que alegran los días de esta tierra conmigo desde siempre —respondió el limón sorprendido—. Pero no se ilusionen, no creo que logren convencerlos. Dicen que soy muy chiquito, que mi jugo es muy ácido y que encima, a veces, soy verde y otras amarillento. Creo que viajarán por gusto.

—Tranquilo, Limoncito peruano, ya vas a ver. Haremos que el mundo se enamore de mí —dijo el cebiche.

—Sí, y yo encenderé pasiones en todas las barras del planeta —dijo el Pisco sour.

—Así es —dijo el Cebiche ya eufórico.

—Y cuando se enamoren y nos pregunten cuál es nuestro secreto, diremos a viva voz: el secreto está en el único, en el incomparable Limoncito del Perú.

Y ahí siguen el Pisco sour y el Cebiche peruano abriendo fronteras, conquistando corazones, contándole al mundo que su magia se esconde en un pequeñito, tímido y frágil limón que, al abrazarlo y apachurrarlo, todo lo perfuma con sabor a Perú.

RECETA: PISCO SOUR

Lo primero es un buen pisco. Solíamos creer que en el pisco sour no era tan necesario. Pero sí. Un buen pisco, su favorito. En una coctelera echan 3 onzas. Luego, 1 onza de jugo de limón recién exprimido. Después, 1 onza de jarabe de goma. Si no encuentran, entonces añadan 3 cucharadas de azúcar. Echen ahora un poquito de clara de huevo. Luego agreguen 4 cubos de hielo grandes. Batan bien todo y sirvan en un vaso, con cuidado, para que la espumita quede en la superficie. Finalmente, echen un par de gotitas de amargo de angostura y listo.

Los desafíos de siempre

Foto: Panchita.

La anemia es una enfermedad que aparece cuando dejamos de producir suficiente hemoglobina en la sangre, debido principalmente a la falta de hierro en nuestro cuerpo. Si no es tratada a tiempo, la anemia puede tener consecuencias terribles, especialmente para nuestros niños, que debido a esta falta de hierro pierden energía y fuerza, su desarrollo cerebral se ve afectado, quedan expuestos a otras enfermedades e infecciones y su rendimiento escolar termina siendo muy bajo.

Por ello, es muy importante que incorporemos en la dieta de nuestros niños, desde muy temprano, alimentos ricos en hierro. De esta manera podremos protegerlos de este mal que afecta a más del 40 % de nuestros niños menores de tres años, siendo Puno la región más afectada, con más del 70 % de sus niños atacados por la anemia.

Una de las tareas pendientes de nuestra cocina es lograr ese equilibrio virtuoso alcanzado por otras gastronomías, como la japonesa o la china, que encuentran en su alimentación diaria, basada en sus productos y su cultura, un perfecto balance entre placer, belleza y salud. Es decir, que además de saber cocinar con buena sazón cada uno de nuestros platos tradicionales, algo que saben hacer todas las familias peruanas, sepamos también cuáles son sus cualidades nutricionales. De esta forma podemos propiciar una alimentación variada que les brinde a nuestros hijos una nutrición que, además de deliciosa y culturalmente propia, sea muy saludable para nuestro cuerpo y nuestras emociones.

Por ello, es primordial que desde muy temprano nuestros niños puedan recibir en el colegio una educación alimentaria constante. No solo a través de desayunos y almuerzos escolares gratuitos en los colegios públicos, basados especialmente en ingredientes de su entorno y recetas de su identidad cultural, sino también con cursos y talleres de educación alimentaria aplicados en otras materias. Así, cuando crezcan, podrán tener toda la información necesaria y ser capaces de elegir diariamente esa alimentación deliciosa, variada, sostenible y beneficiosa en todo sentido para su familia, para su comunidad y para el medio ambiente.

Hoy dedicamos la receta a un plato de nuestra identidad que se suele hacer poco en casa, pero que por su alto contenido de hierro debería consumirse mucho más. Una deliciosísima sangrecita.

P. D.: Han pasado seis años desde que escribí esta historia y, en el último censo, las cifras de anemia no han variado.

RECETA: SANGRECITA

Colocamos la sangre de pollo que compramos en el mercado sobre un colador, la lavamos bajo el chorro de agua fría. Luego, la ponemos a cocinar en agua hirviendo. Una vez cocida, colamos, enjuagamos y picamos. Aparte, echamos aceite en una sartén y hacemos un aderezo con 2 tazas de cebolla roja picada finita, 5 dientes de ajo picados, ½ taza de ají amarillo picado finito y ½ taza de cebolla china con la parte blanca picada. Sazonamos con sal, pimienta, comino y orégano. Luego, añadimos ½ taza de ají amarillo licuado y dejamos cocer unos minutos. Es momento de echar la sangre picadita, junto con ½ taza de hierbabuena picada, una pizca de caldo de pollo y dejamos cocer unos minutos. Al final, agregamos más hierbabuena picada, cebolla china con la parte verde picada, probamos de sal, y la servimos con yuca y sarza criolla.

LA VARIANTE

SANGRECITA PARA LA ETERNA JUVENTUD

A la receta anterior le añadiremos un par de patitas de chancho cocidas durante largas horas y cortadas en trozos. En vez del caldo de pollo, agregamos el caldo de las patitas, puro colágeno para verse joven y bello.

Los tres ingredientes

Son tres los ingredientes esenciales para una buena cocina: el amor, el saber y la libertad.

Gracias al amor, la buena cocina se vuelve sentida, generosa, profunda.

Gracias al saber, adquiere precisión, equilibrio y consistencia.

Gracias a la libertad, se llena de personalidad, de magia, de vida.

Como el amor materno, la buena cocina no conoce de odios, rencores ni revanchas. Como el eterno aprendiz, la buena cocina observa, escucha, dialoga, comprende. Como el niño libre, la buena cocina explora, juega, vuela.

Es el amor que llevamos dentro el que acude siempre al cuaderno de recetas de la abuela. Es el conocimiento el que las descifra con respeto y agradecimiento. Es la libertad la que vuelve a la vida aquel recetario embebido de los aires que su tiempo exige.

No queda duda, la cocina verdadera solo es posible gracias al amor, el saber y la libertad.

Vivimos en tiempos de las redes, momentos de gran enfrentamiento. En la contienda se alistan primero los misiles antes que las ideas, trazándose fronteras irreconciliables, como impidiendo todo acuerdo común. No son tiempos de consensos que busquen construir una sociedad pacífica y libre. El objetivo es tomar, imponer una idea a toda costa. Y, en el medio, la inmensa mayoría de peruanos condenados a una guerra que lo único que logrará es alejar una vez más ese sueño por el cual se levantan cada día a luchar. El sueño de una vida plena de amor, progreso y libertad.

Nos toca, entonces, persistir en la esperanza. En nunca dejar de soñar con el buen camino, aquel en el que el amor por la patria es capaz de superar las heridas del pasado, y en encontrar puntos en común en aquello que parece irreconciliable y caminar todos unidos.

Tres ingredientes que, como en la buena cocina, representan todo aquello que la mayoría de peruanos queremos encontrar en la voz de nuestros líderes, de manera que en cada uno de sus discursos sintamos la nobleza del amor. Que en cada una de sus propuestas, saboreemos la luz del conocimiento. Que cada una de sus banderas nos conduzca hacia la tolerancia, el respeto y la esperanza de que vendrán tiempos de paz en libertad.

Aquí, tan solo tres ingredientes que nos llevan a una super receta.

RECETA: LAS TORTITAS DE CHOCLO

Escogemos unos choclos muy tiernos, los molemos y sazonamos con sal y una pizca de azúcar. Luego les añadimos un puñadito de harina sin preparar. Finalmente, les agregamos, si gustan, un poquito de cebollita china picada y listo. Debe quedar como un puré, ni muy espeso ni muy suelto. Echamos por cucharadas en una sartén con aceite y freímos dándoles vuelta cuando estén doraditas. Acompañamos con una cremita y hasta con un cebichito.

Foto: Tanta.

La larga espera

El mayor legado del Perú a la humanidad en materia de alimentación es, sin duda, la papa. Un tubérculo que en su origen no era comestible y que nuestros antepasados desarrollaron durante siglos hasta convertirlo en un producto tan nutritivo y delicioso que luego el mundo haría suyo. Hoy, la papa es peruana, andina y universal.

Sin embargo, el inmenso bienestar que hoy este producto produce en millones de personas en todo el mundo, paradójicamente, no alcanza para que los herederos de sus creadores, es decir, nuestros pequeños agricultores en los Andes, puedan asegurar una vida digna para sus hijos.

Desde la cocina peruana, hace un tiempo iniciamos en nuestro país un camino cuyo primer objetivo era lograr darle visibilidad a la labor del pequeño agricultor, de manera que el comensal reconozca y valore su trabajo. Un segundo objetivo era lograr que tras el reconocimiento social viniera una mejor valoración económica de parte del mercado hacia un producto que tantas alegrías trae a nuestras vidas, de modo que le permita al productor papero dar una existencia digna a sus familias. Pero esto es algo que, salvo contadas excepciones, aún no ha ocurrido.

Es cierto que, desde hace un tiempo, algunos cocineros y comensales hemos apostado por el compromiso de incluir en nuestra compra diaria todas esas papas maravillosas nativas que permanecieron sin valor durante siglos y, además, de pagar por ellas un precio justo para el agricultor. Pero la realidad es que esta historia es aún una historia centenaria de olvido, las medidas que se dan en favor del agricultor avanzan lentamente y los impactos que estas generan son muy reducidos y específicos. Su situación, en una inmensa mayoría, es aún dramática.

Si un día todos reconociéramos el valor real de las papas en nuestras vidas, es muy probable que pronto nuestros pequeños agricultores recibirían muy buenas noticias. Por ejemplo, si la política creyera en la pequeña agricultura como la gran oportunidad para crear valor agregado, innovación, cadenas productivas eficientes y ambientalmente amigables, en un Perú y un mundo lleno de mercados de nicho listos para valorar nuestras papas, entonces mucho trabajo positivo se activaría.

Por ejemplo, se contaría con muchos más recursos para el mejoramiento del inmenso banco de semillas originarias con que contamos; se incentivaría la innovación con valor agregado de un producto que debería ser un ícono peruano de innovación para el mundo. Los ministerios vinculados activarían más recursos para articular cadenas productivo comerciales, conectar mercados, promover consumo, fortalecer denominaciones, crear marcas colectivas y premiar a agricultores ejemplares.

En definitiva, somos la inmensa mayoría de peruanos que consumimos la papa peruana, y no la política, quienes podemos cambiar esta historia.

Sea un restaurante peruano que necesita hoy más que nunca mostrar las variedades de papa peruana que usa en sus platos si quiere atraer a comensales que exigen cada vez más que así sea. Sea un comensal peruano que acude a una pollería preguntando si sus papas son peruanas o son las congeladas importadas.

Es en nosotros, con nuestra elección y decisiones, donde está la oportunidad de generar valor para lo que el Perú produce, sin renunciar en ningún momento a la calidad que buscamos, pero sumándole algo muy importante: la responsabilidad como peruanos de promover lo nuestro para el desarrollo de nuestro país.

Toca perseverar, seguir poniendo sobre la mesa que somos las autoridades, las empresas y los consumidores los que podemos hacer mucho para que, un día, todos los peruanos disfrutemos de esas maravillosas papas del Perú, con la alegría de saber que juntos ayudamos a nuestros agricultores a finalmente alcanzar una vida digna y feliz.

Mientras ese día llega, unas recetitas de papas de esas que enorgullecían a mis abuelas.

RECETA: EL PICANTE DE PAPAS DE MI ABUELA HORTENSIA

En una olla hacemos un aderezo con un chorrito de aceite, 1 cebolla morada picada finita, 1 cucharada de ajo molido, 1 taza de ají panca licuado, sal, pimienta, comino al gusto.
Añadimos ½ taza de maní tostado y molido, 2 tazas de agua o caldo, ½ kilo de sus papas favoritas peladas y cortadas en trozos grandes, y dejamos cocer. Agregamos un chorro de leche evaporada, un buen puñado de huacatay picado y, si gustan, un poquito de queso fresco rallado. Dejamos que coja punto de picante. Lo acompañamos de lo que gusten, un huevo frito, un bistec, una chuleta de cerdo, un chicharrón o chanchito al horno o solito.

RECETA: EL PASTEL DE PAPAS DE MI ABUELA GENOVEVA

En una fuente embadurnada con mantequilla, colocamos rodajas de sus papas favoritas previamente cocidas, encima echamos 1 taza de cebollas en tiras previamente cocidas en mantequilla, ½ taza de ají amarillo en tiras, 1 taza de queso fresco rallado, unas ramas de huacatay, culantro y perejil. Cubrimos con más papas y añadimos 1 taza de leche evaporada, 2 huevos batidos con un chorro de leche evaporada, espolvoreamos con queso fresco y daditos de mantequilla, y horneamos hasta que todo cuaje y dore bonito a fuego fuerte.

Glosario de recetas

Foto: Panchita.

Foto: Tanta.

Agradecimientos

Recordar y agradecer son, tal vez, las grandes certezas de que vivimos conectados con otras personas, de que los vínculos que creamos en el tiempo nos convierten en quienes somos. Y este libro es para eso: para agradecerles, queridos lectores, su presencia y compañía durante estos años. Para recordar con ustedes momentos mágicos y para compartir nuestros sueños para el futuro. Uno en el que podamos seguir creando nuevas historias llenas de emoción y sabiduría, a través de los grandes sabores y aromas de nuestra cocina.

Gastón Acurio

Nacido en Lima en 1967 y formado como cocinero a inicios de los años 90 en París, Gastón Acurio regresa al Perú para fundar, junto con su esposa y también cocinera: Astrid & Gastón. Años después, este sería elegido como el mejor restaurante de América Latina y uno de los 15 mejores del mundo por *The World's 50 Best Restaurants*.

Creador de la feria Mistura, Acurio protagoniza junto a otros cocineros el llamado Boom Gastronómico Peruano, que convertiría a la cocina peruana en una de las más reconocidas internacionalmente, y en una poderosa arma de transformación económica y social. Asimismo, Acurio ha abierto diversos restaurantes en el mundo, que buscan promover los sabores de su tierra: La Mar, Tanta, Panchita, Yakumanka, Manko, entre otros. Distinguido por la Unesco por su aporte a la cultura universal y premiado por su labor como cocinero, empresario y activista social, considera que su mayor logro ha sido haber fundado el Instituto de Cocina Pachacútec, dirigido a jóvenes de escasos recursos.

Conductor de televisión y autor de más de veinte libros, Acurio asume la cocina como un refugio para pensarnos como comunidad y construir un futuro de bienestar para todos.